JN157524

子どもの学びを深める

新しい算数科教育法

【編著】

齋藤 昇／秋田 美代／小原 豊

東洋館出版社

まえがき

これからの社会は，情報化やグローバル化が一層進展し，社会や生活を大きく変えていくことが予測されます。そのような社会を子ども達が創造的に生きるためには，主体的で・対話的で・深い学びを通して，基礎的・基本的な知識・技能や思考力・表現力・判断力等をしっかりと身に付け，自らの力で問題を解決していく力や創造性を涵養することが大切です。

本書は，そのことを念頭に置き，次の２つの面で役に立つように執筆しました。

第１は，小学校の教員が，子ども達に深い学びを通して思考力・表現力・判断力等を身に付けたり，意欲や探究心，学力を向上したりするために，算数科教育の理論や内容をもっと深く知りたい，あるいは指導上の課題やその解決方法，新たな指導法等を幅広い視点から探究し工夫したいという場合に役に立つことです。

第２は，小学校教員を目指す大学の学部生や大学院生が，算数科教育の本質とは何か，算数科の目標や内容はどのような考えに基づいて構成されているのか，実際の小学校では，どのように授業展開が行われているのかを知りたい，あるいは深く勉強したいという場合に役に立つことです。

本書は，算数科教育の本質，算数科で扱う４領域「数と計算」「図形」「測定，変化と対応」「データの活用」の目標と内容，数学的活動の目標と実際，数学的な見方・考え方，電子教材を含む種々の教材・教具，個に応じた基礎的な指導法，新たな知を創造する発展的な指導法，授業研究の現状と課題等の12章で構成しています。多くの章では，理論とその実践例を述べ，理論と実践が有機的に結びつくように工夫しました。また，本書は，2013年刊行の『子どもの学力を高める新しい算数科教育法』を2017（平成29）年公示の学習指導要領に合わせて，内容を精選・充実し，全面改訂したものです。

算数科教育においては，子どもの能力を引き出して，子どもが興味・関心をもって生き生きと学ぶことや，新しい場面の問題に対して，柔軟的に思考して多様なアイデアを生み出し，新たな知や価値を自ら創造できる力を身に付けさせることが重要です。そのためには，幅広い視点から算数の内容や本質を理解している優れた授業力をもつ教員の指導が何よりも必要です。本書がそのための一助になることを心から願うものです。

最後に，本書の刊行にあたりましては，東洋館出版社の大場亨氏に大変お世話になりました。ここに厚くお礼申しあげます。

2018年３月　　　　編著者代表　齋藤　昇

目　次

第1章

算数科教育の本質

この章では，算数科の目標，内容，評価及び算数科教育の本質を明らかにするとともに，算数科教育が明治以降現在に至るまでどのように変遷してきたかを明らかにします。

第1節 算数科の目標，内容，評価

(1) 算数科の目標

① 算数科教育の目的

はじめに，「目的」と「目標」の違いについて明らかにしましょう。広辞苑（第六版）では，目的とは，「成し遂げようとする目指す事柄」目標とは，「目的を達成するために設けた，めあて」と述べられています。それゆえ，ここでは「目的を実現するのに必要となるのが目標である」と捉えておきましょう。目的は抽象的で，目標は具体的であるという違いもあります。

教育基本法では，教育の目的は「人格の完成を目指す」ことであり，それを実現するための目標が5項目にわたって述べられています。それらの内容を踏まえると，算数科教育は次のような目的があります。

(ア) 実用的目的　(イ) 文化的目的　(ウ) 陶冶的目的

陶冶
素質や人格，才能を鍛えて育てること

実用的目的とは，学校で学習した内容が，日常生活や社会生活において有用性をもつことです。算数には，日常の買物，旅行，体重や身長の測定などあらゆる場面において役に立つ内容が多くあります。こうした算数の有用性を知ることが算数科教育の実用的目的です。

文化的目的とは，哲学，芸術，科学などのように，文化的な価値をもつことです。算数には，人々が築き上げてきた固有の文化があります。この算数固有の文化を学習により享受・発展することが算数科教育の文化的目的です。

陶冶的目的とは，人間の諸能力を引き出して育てることです。いわゆる，人格の形成です。算数の学習を通して，精神的・知的能力を育成することが算数科教育の陶冶的目的です。

② 算数科教育の目標を考える視点

算数科教育の目標を考える視点としては，上記の３つの目的「実用的目的」「文化的目的」「陶冶的目的」があります。この他，目標を価値の面から「直接的な価値」と「間接的な価値」に分けて考えることがあります。

直接的価値とは，算数で学んだ知識や技能が，生活や将来の行動に直接役に立つ場合の価値です。例えば，加減乗除の計算方法，統計資料の見方・考え方などについての知識は，日常の生活場面のみならず社会に出ていろいろな仕事をする場合にも直接役に立ちます。

間接的な価値とは，算数の内容そのものでなく，算数で学んだ数学的な方法や考え方，態度が他の場面に役に立つ場合の価値です。例えば，比例の学習において，２つの量に着目して，その変化を調べる方法や考え方が，他の教科の学習場面においても役に立つことです。

算数科では，これらの目的や価値を踏まえて目標が設定されています。

③ 学習指導要領における目標

平成 29 年３月に公示された小学校学習指導要領では，算数科の目標は，次のように述べられています。

数学的な見方・考え方を働かせ，数学的活動を通して，数学的に考える資質・能力を次のとおり育成することを目指す。

⑴数量や図形などについての基礎的・基本的な概念や性質などを理解するとともに，日常の事象を数理的に処理する技能を身に付けるようにする。

⑵日常の事象を数理的に捉え見通しをもち筋道を立てて考察する力，基礎的・基本的な数量や図形の性質などを見いだし統合的・発展的に考察する力，数学的な表現を用いて事象を簡潔・明瞭・的確に表したり目的に応じて柔軟に表したりする力を養う。

⑶数学的活動の楽しさや数学のよさに気付き，学習を振り返ってよりよく問題解決しようとする態度，算数で学んだことを生活や学習に活用しようとする態度を養う。

平成 29 年３月の改訂では，これまでに比べて，「数学的な見方・考え方」，「知識及び技能」の確実な定着，「思考力，判断力，表現力等」を身に付けることが一層強調されています。また，コンピュータや情報通信ネットワークを適切に活用して学習の効果を高めることが推進されています。

これらの背景には，算数の内容や特性を十分に把握・理解し，数学の本質を真に捉えるとともに，それらを活用して，新たな知や価値を創造できる創造性豊かな人間の育成を目指していることがうかがわれます。

創造性
問題解決に必要なアイディアを生み出し，社会的・文化的に価値あるものを創り出す能力及び人格特性

(2) 算数科の内容

学習指導要領における算数科の内容は，次の４つの領域と算数的活動から構成されています。

A　数と計算　　B　図形　　C　測定（１～３年），変化と関係（４～６年）　　D　データの活用

これらの領域における第１学年から第６学年の内容の概要は，次のようです。

A　数と計算

整数
小学校では負ではない整数０，１，２，３…を扱う

整数の意味や表し方，整数の計算は，第１学年から第４学年に，整数の性質は，第５学年に位置付けられています。１位数の加減から，しだいに２位数，３位数，４位数の計算へと拡張されています。また，加減から乗法，除法へと拡張されています。小数及び分数の意味，表し方，計算は，第３学年から第６学年に位置付けられています。そろばんは，第３学年から第４学年に位置付けられています。a や x などの文字を用いた式は，第６学年に位置付けられています。

B　図形

第１学年から第４学年では，三角形，長方形，平行四辺形などの平面図形が位置付けられています。立方体，角柱などの立体は，第４学年から第５学年に位置付けられています。直線の平行や垂直の関係は，第４学年に，図形の合同，図形の性質は第５学年に，縮図や拡大図，対称な図形は，第６学年に位置付けられています。平面図形の面積や立体図形の体積は，第４学年から第５学年に，円の面積は６学年に位置付けられています。

C　測定（１～３年），変化と関係（４～６年）

長さ，かさ，重さの単位と測定は，第１学年から第３学年に位置付けられています。時刻や時間の単位・計算は，第１学年から第３学年に位

置付けられています。２つの変量の関係，割合，速さは，第４学年から第５学年に，比例・反比例は第６学年に位置付けられています。

D　データの活用

数量の表現，表，グラフ，棒グラフ，折れ線グラフは，第１学年から第４学年に位置付けられています。円グラフや帯グラフは，第５学年に位置付けられています。資料の収集・整理，測定値の平均，代表値は，第４学年から第６学年に，統計的な問題解決の方法は，第５学年から第６学年に位置付けられています。起こりうる場合の数は，第６学年に位置付けられています。

これらの概要を，図１－１で示します。

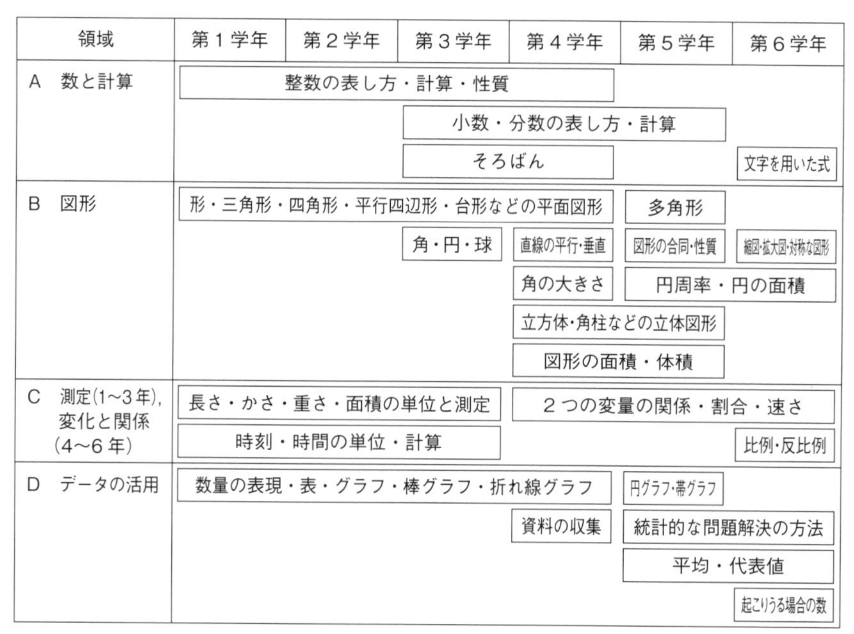

図１－１　算数科の内容

(3)　算数科の評価

評価は，大別して２つのねらいがあります。１つは，指導目標に照らして，子ども達が目標をどの程度実現したかという子ども達の学習の実態を把握することです。もう１つは，教師が指導目標の実現に向けて最適な学習指導を行うために必要な情報を収集することです。評価の結果は，教師である自分自身にフィードバックし，指導の改善に生かすものでなければなりません。そのため，P（計画），D（実施），C（点検・

評価），A（改善）サイクルによる授業が重視されています。

① 評価の種類

評価の種類は，指導の前か，途中か，後かという実施時期と，どんな手法で評価したかという評定方法に分けて考えることができます。直交座標を考え，横軸を実施時期に，縦軸を評定方法に対応づけて考えるとわかりやすいと思います（図１－２）。

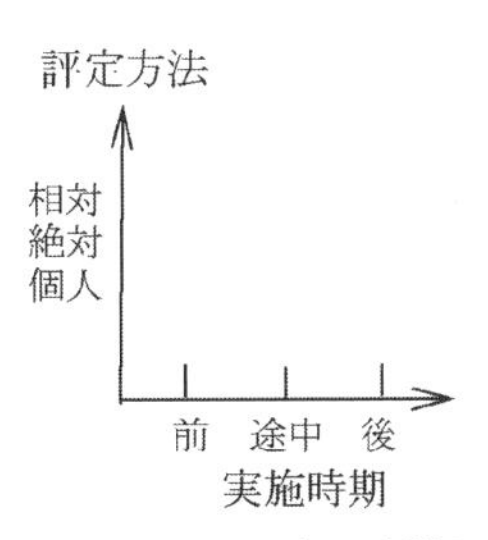

図１－２　評価の種類

実施時期からは，診断的評価，形成的評価，総括的評価の３つに区分できます。診断的評価とは，指導の前に，新しい単元や節の指導の成功をねらいとして，前提条件となる基礎的な知識，理解，技能，情意などを調べるために行う評価です。形成的評価とは，指導の途中において，指導の進展や改善に役立てることをねらいとして，子どもの理解状況などを逐次把握するために行う評価です。総括的評価とは，ある一定期間あるいは単元，学期，学年などの指導が終わった時点で，目標をどれだけ実現したかを調べるために行う評価です。子どもの学習内容についての理解を深めたり，関心・意欲などの態度を良好に育てるためには，形成的評価が有効です。

評定方法からは，相対評価，絶対評価，個人内評価の３つに区分できます。相対評価とは，学習集団の中で，個人の相対的な位置を示す方法です。５段階評定や偏差値による評価が，それにあたります。絶対評価とは，指導目標をどの程度実現したかを判定する方法です。集団の中の順位や位置に影響されず，到達水準に応じて評価されます。個人内評価とは，個人ごとにいかなる点が優れ，あるいは劣っているか，または努力の程度や学習の進歩が過去に比べて大きいか小さいかなどを判定する方法です。現在の学校教育では，絶対評価が採用されています。

また，最近，評価という用語に代わってアセスメントという用語が使われています。アセスメントは査定という意味です。教育におけるアセスメントは，子ども達の学習を成功に導くために，学習実態を把握し，適切なフィードバックを行い，学習活動の成果を学習目標に照らして評価する教育活動を指します。

② 学習の評価

小学校学習指導要領第１章総則では，学校の教育活動を進めるに当たっては，主体的・対話的で深い学びの実現に向けた授業改善を通して，創意工夫を生かした特色ある教育活動を展開する中で，基礎的・基本的な知識及び技能を確実に習得させ，これらを活用して課題を解決するために必要な思考力，判断力，表現力等を育むとともに，主体的に学習に取り組む態度を養うことと述べられています。これらを踏まえ，算数の観点別学習状況の評価は，算数の目標や各学年・領域の目標に照らして，次の３観点で評価されます。

・知識・技能

数量や図形などについての基礎的・基本的な概念や性質などの理解や日常の事象を数理的に処理する技能を身に付けているか等です。

・思考力・判断力・表現力等

日常の事象を数理的に捉え見通しをもち筋道を立てて考察する力，基礎的・基本的な数量や図形の性質などを見いだし統合的・発展的に考察する力，数学的な表現を用いて事象を簡潔・明瞭・的確に表したり目的に応じて柔軟に表したりする力等を身に付けているか等です。

・主体的に学習に取り組む態度

数学的活動の楽しさや数学のよさに気付き，学習を振り返ってよりよく問題解決しようとする態度，算数で学んだことを生活や学習に活用しようとする態度を身に付けているか等です。

（齋藤　昇）

(4) 算数科の深い学び

平成29年3月公示の学習指導要領では，主体的・対話的で深い学びの実現が目指されています。主体的や対話的な学びについては従来の算数教育で議論を重ねており，特に目新しくはありませんが，深い学びについては，その具体化が緒に就いたばかりです。中央教育審議会の答申によれば，「深い学び」は，「習得・活用・探究という学びの過程の中で，各教科等の特質に応じた「見方・考え方」を働かせながら，知識を相互に関連付けてより深く理解したり，情報を精査して考えを形成したり，問題を見いだして解決策を考えたり，思いや考えをもとに創造したりすることに向かう」学びと定義されています。この文言からは総花的な印象が拭えませんが，かつて子どもの生活経験を過度に重んじることで活動自体が目的化し，算数が周辺的な用具教科となって断片化する恐れから“這い回る”と危惧された教育史を鑑みれば，アクティブに学んだ上で確かに残る成果を各教科の特質から保証しようとする趣旨は今日的に極めて正統なものです。

この「深い」という形容詞の意味について言葉遊びしても空しいだけです。ここでは，「平均の速さ」と「速さの平均」を具体例に，その数学的な見方・考え方の面から算数科での深い学びの在り方を考えてみます。

問題：横浜市から三島市まで100kmをドライブしました。
往路は平均50km/h，復路は渋滞のため平均30km/hで
帰りました。往復では 平均何km/hでしたか？

解答A　往路が時速50km/h，復路が30km/hだから，
速さの平均は，$(50+30)\div 2=40$，答え 40 km/h.

解答B　往路にかかる時間は$100\div 50$より2時間。
復路にかかる時間は$100\div 30$より$\frac{10}{3}$時間。
$(100\times 2)\div\left(2+\frac{10}{3}\right)=37.5$，答え 37.5 km/h.

この問題は，加法性のないいわゆる内包量の平均を求めるものであり，子ども達が解答AとBの違いを議論しつつ学びを深める事例です。

教材研究を行えば，この問題の数学的背景は調和平均であり，n個の

$$\frac{n}{\frac{1}{x_1}+\frac{1}{x_2}+\cdots+\frac{1}{x_n}}$$

変量を $x_1, x_2, x_3 \cdots\cdots x_n$ とすると，それらの逆数の相加平均をさらに逆数にした左の定義に至ります。この調和平均は，上記の例でいえば，異なる速度で往復する場合と同じ所要時間がかかる一定の速度を指します。また，先の問題文の１行目を省いて距離の数値を除いても平均速度が算出できることも数学的に興味深い点です。計算としては分母の中にさらに分数を含む「連分数」を扱う煩雑さがありますが，教科横断的に応用場面も現れる汎用性の高い内容といえます。例えば，中学校理科で電気抵抗（Ω）を学ぶ際に，直列回路で接続した場合の電気抵抗は相加平均，並列回路の場合には調和平均で計算できます。

このように調和平均は非常に魅力のある教材ですが，実はこの新たな種類の平均を概念化すること自体は，必ずしも小学校での深い学びでの直接的なねらいではありません。ここで考える学びの「深さ」とは「数学的思考の本質への接近の程度」であり，この例では“蓋然的推論の限界を知ること”及び“定義に戻って考えること”の２点です。前者は，解答Ａのように「平均の速さ」を求める上で「速さの（相加）平均」をとってよいかを考える際に，長さや時間や重さなど既習の量で用いてきた平均の考えを類比によって用いることへの反省から為されます。後者は，解答Ｂのように，困難に直面したとき定義（前提）にもどって数量の因果関係を捉える態度の重視から為されます。

小学生に対してこうした「深い学び」は敷居が高いと危惧する気持ちも理解できます。深いところにいけば溺れる恐れがあるのも道理です。しかし，知的好奇心は未知なる深遠なものにこそ駆り立てられます。大切なのは，子どもの算数数学への探究を支える意欲や態度を長い目で尊重することです。そして，わかることの大切さと同様に，その時点では完全にはわからない「深い」対象への興味や関心を育む機会を作ることです。学びとは本来，自分の無知に徐々に気付いていく営みであり，そこからさらなる学びが生まれることを忘れてはなりません。

（小原　豊）

第2節　算数科の史的変遷

(1)　明治期の算数教育

明治５（1872）年の学制によって始まった我が国の小学校制度は，明治40年代98%の就学率を見るまでに普及が図られました（図１－３）。学制と同じ年に定められた小学教則では，小学校を「下等」「上等」の各４年に分け，それまでの和算に代わって「洋法算術」を週６時間教えることになりました。海外のものを参考にした文部省編纂の『小学算術書』が出されましたが，検定や国定という教科書制度は未整備でした。

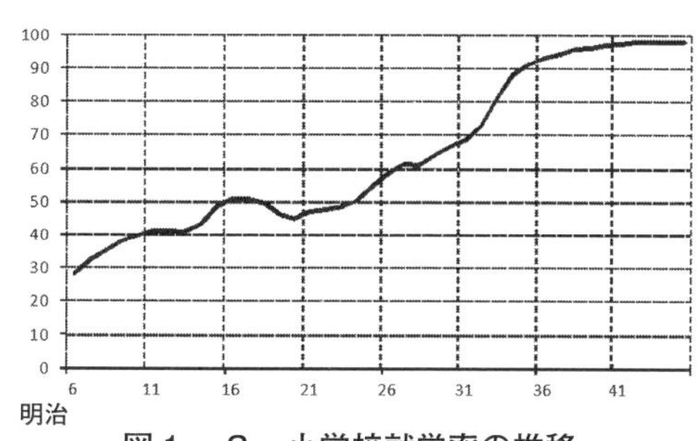

図１－３　小学校就学率の推移
（文部省（1972）『学制百年史資料編』による）

洋法算術
明治５（1872）年の学制発布から採用された和算に代わる西洋数学の総称

明治期の小学校教育は表１－１のような経過をたどります。明治12（1879）年の教育令では，小学校の目標や指導する教科等を整備し，同13（1880）年の改正等を経て，初等，中等，高等という計８年の小学校の構成や，学年ごとの指導内容等を定めました。同19（1886）年には中学校令などと並んで，学校種別に小学校令が公布され，尋常，高等各４年の制度に改め，尋常の４年を義務教育としました。「小学校ノ学科及其程度」を公布して，加減乗除や度量衡，貨幣など算術の指導内容が明示されました。この年に教科書の検定制度もスタートしました。

表１－１　明治期の小学校教育

明治	西暦	事項
明治 5	1872	学制
明治 12	1879	教育令
明治 19	1886	小学校令
明治 23	1890	小学校令
明治 33	1900	小学校令改正
明治 36	1903	教科書国定制度
明治 40	1907	義務教育６年
明治 43	1910	第２期国定教科書

教育勅語の発せられた明治23（1890）年，小学校令も新たに定められ，制度の大きな変更はないものの，「道徳教育及国民教育ノ基礎」「生活ニ必須ナル普通ノ知識技能」など小学校の「本旨」が示されました。翌年小学校教則大綱が制定され，算術の目標として「日常ノ計算ニ習熟」「思想ヲ精密ニ」「生業上有益ナル知識」の３つが示されました。

教育勅語
明治天皇の名のもとに明治23（1890）年10月31日に発せられた教育に関する言葉

度量衡
長さ，重さ，時間などの単位系による計量

図１－４のように明治半ばまで小学校制度はたびたび修正が加えられ，就学率もようやく50％前後と，国民に広く普及するには至っていませんでした。

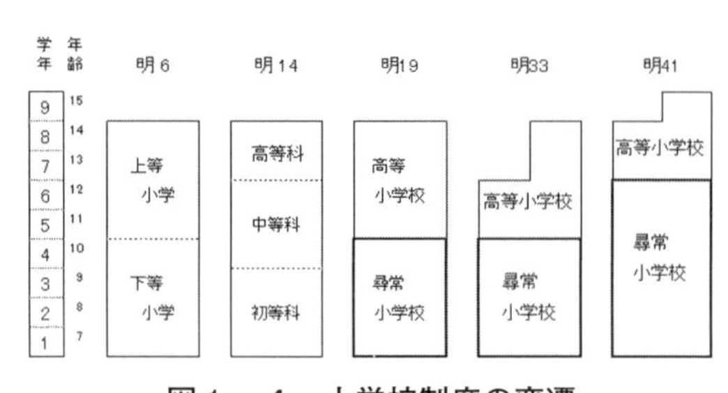

図１－４　小学校制度の変遷
（太線は義務教育）
（文部省（1972）『学制百年史資料編』による）

日清戦争後の明治30年代，近代国家体制の整備に伴って，教育制度も充実が図られました。明治33（1900）年の小学校令改正では，小学校を４年制に統一するとともに，２年制の高等小学校の併設を推進し，義務教育年限の延長の準備を始めました。また義務教育の無償化が実現し，就学率を大きく向上させる契機となりました。教育内容は小学校令施行規則に定められ，目標に変更はないものの，３年生までに整数の四則計算，４年生に小数の加減までという，下表のような学年ごとの指導内容を示す詳細なものになりました（カッコ内は週当たりの時間数）。

第一学年(5)	第二学年(6)	第三学年(6)	第四学年(6)
二十以下の数の範囲内における数え方，書き方，加減乗除	百以下の数の範囲内における数え方，書き方，加減乗除	通常の加減乗除	通常の加減乗除，小数の呼び方書き方，加減

明治36（1903）年には懸案であった国定教科書制度に移行し，同38年から『尋常小学算術書』『高等小学算術書』が発行されます。表紙が黒かったため通称「黒表紙」といいます（図１－５）。尋常１～４年は教師用のみ，高等１～３年は教師用と児童用がありました。内容は尋常，高等合わせて今日の小学校１～６年生の「数と計算」の多くと「量と測定」の一部を含み，「生業上有益ナル」内容として「諸等数」（２個以上の単位を併用して表した数。２里７町５間など：『広辞苑』，度量衡のこと）も大きな比重を占めていました。明治期数学教育の有力な指導者であった藤沢利喜太郎の考え方を反映したといわれています。「算術」という名が示す通り，図形に関する内容は全く含まれていませんでした。

(2) 第二次大戦までの算数教育

明治40（1907）年，義務教育が6年に延長され，高等小学校の2年生までの内容が尋常小学校に含まれることになりました。それに伴って国定教科書も同43年に改訂されました。これを「第2期」といい，太平洋戦争の終戦までに国定教科書は「第5期」まで発行されることになります。

図1－5　黒表紙教科書（第2期）
左：教師用，右：児童用
（和歌山大学所蔵）

第2期国定教科書は内容に大きな変更はないものの，第3学年以上に児童用書が発行され，第1，2学年で扱う数の範囲をそれぞれ「百以下」，「千以下」に拡大しました。

大正時代に入ると，臨時教育会議において受験競争の改善や義務教育年限の延長などの議論が起こる一方，世界的な新教育の影響による様々な教育実践も登場しました。こうした中で大正7（1918）年，国定教科書が改訂されました（第3期）。1，2学年の教師用に新たに具体的な文章問題を入れたことが大きな改善点で，例えば1学年の「2を足す」の項には，「ここに帽子が三つあります。もう二つ持ってくれば幾つになりますか」（教師用書 p.3）などの問いが口語で示されています。

メートル法採用に伴い，大正14（1925）年から第3期の改訂版が発行されます。「諸等数」が縮小され，分数の四則計算を5年生へと早め，高等小学校にあった比例・反比例を6年生に移すとともに，高等小学校に「代数的計算及幾何図形」を加えるなど，内容を整理，補強しています。5年生の教師用書の目次は第3期とその改訂版とでは，図1－6のように大きく異なっています。

第3期	Ⅰ整数及び小数	Ⅱ諸等数	Ⅲ諸等数
第3期改訂	Ⅰ整数小数	Ⅱ分数	Ⅲ整数小数分数

図1－6　第5学年教師用書の目次

このように小学校国定教科書は少しずつ改善が加えられてきましたが，大きくその面目を一新したのが，昭和10（1935）年から発行された『尋常小学算術』です（第4期国定教科書）。題名から「書」の文字が抜けただけでなく，表紙の色も緑となり，文部省図書監修官塩野直道を中心にして内容も全く新しく編集されました（「緑表紙」といわれます，図１－７）。その編集方針は，教師用の「凡例」に「尋常小学算術は，児童の数理思想を開発し，日常生活を数理的に正しくするように指導することに主意を置いて編纂してある。」と述べられた通り，新教育運動や数学教育改造運動などの考えを反映して，子どもの発達に沿いながら，具体的な作業を通して数理的な能力を高めることを目標としていました。これまで図形は求積が主な内容でしたが，図形の性質を考察する教材を低学年から配置するなど，新しい工夫を盛り込みました。図１－８は正方形の折り紙をいろいろな方法で四等分して並べ替え，美しい形を作ることを通じて図形同士の関係を調べる活動を求めています。

数理思想
数理を愛し，これを追究把握して喜びを感じる心を基調とし，事象の中に数理を見出す精神的態度

図１－７　緑表紙教科書
（和歌山大学所蔵）

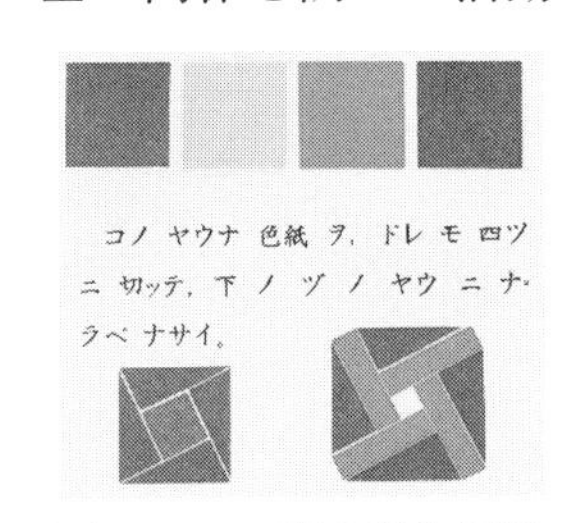

図１－８　第２学年児童用下 p. 4

緑表紙教科書が第６学年用の使用を開始した翌年，昭和 16（1941）年「国民学校令」が制定され，小学校は「国民学校」という名に改められました。算術と理科は統合されて「理数科」となり，その中に「算数」が置かれるという形に変わりました。教科書は１，２年生用が『カズノホン１～４』，３～６年が『初等科算数１～８』で，昭和 16 年から３年間をかけて発行されました。表紙の色から「水色表紙」といいます（図１－９）。理数科算数の教授要旨について，国民学校令施行規則では「数，量，形に関し国民生活に須要なる普通の知識技能」「数理的処理に習熟」「数理思想を涵養」を挙げて，明治以来の目標を大きく書き換えました。概ね緑表紙の精神を引き継いでいるものの，もちろん理数科全体の目標である「国運の発展に貢献する」ことも掲げていました。

図１－９　水色表紙教科書
（和歌山大学所蔵）

(3) 戦後から現代化までの算数教育

図1－10　学習指導要領
(国立国会図書館デジタル
コレクション)

教育基本法と学校教育法が施行されて新しい戦後の小学校がスタートするのは昭和22(1947)年のことです。終戦から昭和21年度いっぱいは旧制度で授業を行ったため，戦時中の教科書の不適切な部分に筆で墨を塗った「墨ぬり教科書」や，それらの部分を削除して印刷した暫定教科書で懸命に授業が継続されました。

新制度では，教科書は検定制を方針としたため，昭和22年，その基準となる学習指導要領が「一般編（試案)」「算数科数学科編（試案)」として初めて発行されました（図1－10)。「試案」とされた点について，「一般編」の冒頭で「これまでの教師用書のように，一つの動かすことのできない道をきめて，それを示そうとするような目的でつくられたものではない」，「教師自身が自分で研究して行く手びきとして」と述べ，教師自身の手による研究を促す新しいスタイルを打ち出しました。

「算数科数学科編」ではその目的を，「日常の現象に即して数，量，形の観念を明らかに」「現象を考察処理する能力」「科学的な生活態度」としており，第4期，第5期国定教科書の時代と文言上の差異はあまりないように見えますが，社会生活の中に数理を見出して考察することで，「生活を指導する」という新しい立場が示されました。指導内容は，6年生までに分数の四則，相似，立体，統計表など豊かな内容を学ぶようになっていました。教科書は検定制度が昭和24年（1949）からとなったため，昭和22年（1947）に文部省著作として『さんすう一，二』『算数三～六』が発行されました。

内容をやや平易に整理した改訂が，昭和23（1948）年「算数数学科指導内容一覧表（算数数学科学習指導要領改訂)」，昭和26（1951）年「小学校学習指導要領算数科編（試案)」として続けて出されました。26年のものでは，指導内容と並んで「関係ある学習活動の例」という項目が置かれ，例えば4年生の「乗法・除法」では「クラスで必要な費用の計算をしたり，予算を立てたり，報告したりする」などが記されて，生活を中心とする構成を具体的に示しました。こうした教育課程を「生活単元学習」と呼んでいます。

鍋島信太郎監修『小学算数四年上』（昭和27年検定，二葉）では，乗法・除法は「Ⅱ遠足」という単元に含まれ，その費用の計算の中で扱われています（図１－11）。

図１－11　単元「遠足」

この教育課程は子どもの生活に基づくという優れた面をもつ一方，算数数学の系統性が十分でないことや，子どもの学力低下への懸念から，改訂を余儀なくされます。昭和33（1958）年改訂された小学校学習指導要領では，「Ａ数と計算」「Ｂ量と測定」「Ｃ数量関係」「Ｄ図形」という領域が初めて示され，いわば今日の原型ができました。昭和23,26年のものと比較すると，乗法九九が２年生に戻り，小数と分数の乗除の完成学年がそれぞれ５年生，６年生に，円の面積が５年生に戻されるなど，内容的にも今日の基礎となる形となり，授業時数も増加しました。

1950年代以降，東西冷戦といわれる国際的な対立関係が科学技術の競争も激しくさせ，1957年，当時のソ連邦による人工衛星打ち上げの成功は，欧米諸国に科学教育の見直しを迫りました。現代数学を算数数学教育に取り入れることを重要な目標にした数学教育現代化の動きが国際的に広がり，昭和43（1968）年改訂された小学校学習指導要領では，４年生に「集合」が取り入れられる（図１－12）など，目立った変化が起こりました。指導要領では「形式的な指導をすることがねらいではなく」と注意を加えた上で，記号「⊃」などの使用を可としました。ただ小学校では，図形分野で学習する学年を早めて新たに「合同」を扱ったり，統計分野に「度数分布」を取り入れるなど，全体として学習内容の引き上げを図るものでもありました。

3 {①②③④⑤⑥⑦}⊃{②③⑤⑥⑦}を図で表わしてみましょう。

上のことは，右の㋐のような図で表わすことができます。

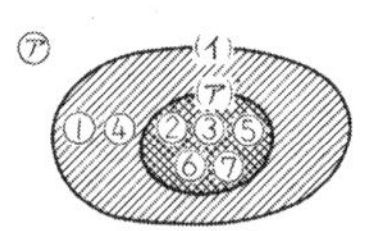

図１－12　第４学年の「集合」
（秋月康夫他『小学校新算数４年１』p.41）

(4)　現代化以降の算数教育

科学教育の振興という側面の強かった昭和43年（1968）の教育課程

に対しては，子どもの過重な負担を憂慮する声も多く，昭和52（1977）年，学校生活における「ゆとりと充実」を目指して学習指導要領が改訂されました（55年実施）。基礎基本が重視され，表1－2のように算数の授業時数も若干削減されましたが，内容の大きな変動はありませんでした。

表1－2　算数の授業時数

学習指導要領		第1学年	第2学年	第3学年	第4学年	第5学年	第6学年	計
昭和43	1968	102	140	175	210	210	210	1047
昭和52	1977	136	175	175	175	175	175	1011
平成元	1989	136	175	175	175	175	175	1011
平成10	1998	114	155	150	150	150	150	869
平成20	2008	136	175	175	175	175	175	1011
平成29	2017	136	175	175	175	175	175	1011

これ以降，学習指導要領は以下のように改訂されます。

平成元（1989）年3月告示，　平成4年度実施

平成10（1998）年12月告示，平成14年度実施

平成20（2008）年3月告示，　平成23年度実施

平成29（2017）年3月告示，　平成32年度実施

平成10年の改訂に至る時期，学校教育は校内暴力やいじめ，登校拒否などをはじめとする生徒指導上の様々な課題に直面し，その解決に教師たちは身を粉にして取り組みました。学習指導要領においても「心豊かな人間の育成」や「自ら学ぶ力の育成」が目標に取り入れられ，週休2日制の社会的な広まりもあって，指導内容の精選が進められました。

図1－13は扱う学年に変動のあったいくつかの項目について，変化の様子を示したものです。縦軸は学年を表します（6より上は中学校）。昭和52（1977）年と平成元（1989）年の改訂では変動は多くないものの，平成10（1998）年の改訂によって，多くの項目で学年が引き上げられたことがわかります。「ゆとり」は昭和52年の改訂から目標に掲げられていましたが，特に平成10年の改訂以降，このことが学力低下をめぐる幅広い議論を引き起こしました。

表1－2と図1－13に示したように，平成20（2008）年の改訂では授業時数や多くの指導内容を平成元年の学習指導要領の水準に戻したことがわかります。これに先立つ中央教育審議会答申「幼稚園，小学校，中学校，高等学校及び特別支援学校の学習指導要領等の改善について」（平成20年1月）で，子どもたちの現状について次のように課題を指摘したことに基づいています。OECDのPISA（生徒の学習到達度調査，2003年，高校1年）やIEA（国際教育到達度評価学会）のTIMSS（国際数学・理科教育調査，2003年，小学4年，中学2年）で「読解力や記述式問題に課題がある」，「わが国の子どもたちは数学や理科を好きと答える割合が低い」などの結果です。こうしたことから，改訂の主な改善事項に「理数教育の充実」を挙げ，各種調査の指摘に対応する「思考力・判断力・表現力等の育成」を掲げました。学習指導要領では，平成10年（1998）の改訂で登場した「算数的活動」をいっそう重視し，目標実現の柱としました。

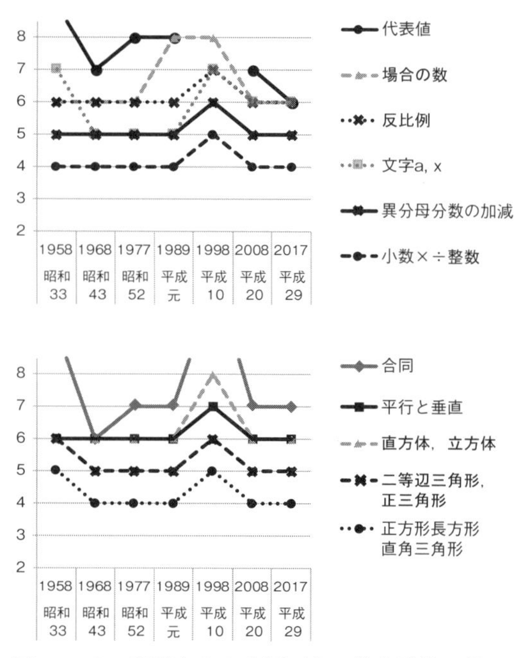

図1－13　指導内容の変遷（上：数と計算・数量関係分野，下：図形分野）

OECD
経済協力開発機構
Organisation for Economic-Cooperation and Development

PISA
生徒の学習到達度調査
Programme for International Student Assessment

IEA
国際教育到達度評価学会
International Association for the Evaluation of Educational Achievement

TIMSS
国際数学・理科教育調査
Trends in International Mathematics and Science Study

平成29（2017）年の改訂に先立つ中央教育審議会答申（平成28年12月）では，直近のPISAやTIMSSの結果を踏まえ，「国内外の学力調査の結果によれば近年改善傾向」であることを認める一方で，全国学力・学習状況調査などから「判断の根拠や理由を明確に示しながら自分の考えを述べたり，実験結果を分析して解釈・考察し説明したりする」点になお改善の余地があることを指摘しました。そして，教科等の目標や内容を以下の三つの柱に基づき再整理する方針を示しました。⑴生きて働く「知識・技能」の習得，⑵未知の状況にも対応できる「思考力・

判断力・表現力」，(3)学びを人生や社会に生かそうとする「学びに向かう力・人間性等」。平成 29 年の改訂における各学年の内容では，このうち(1)と(2)を具体的に示すことで，「何ができるようになるか」を明示する形をとっています。算数ではこれまでの四つの領域（A数と計算，B量と測定，C図形，D数量関係）を下表のように改編し，中学校との接続をより明瞭にするとともに，統計領域や「割合」分野の充実を図っています。

<table>
<tr><td>1～3年</td><td rowspan="2">A 数と計算</td><td rowspan="2">B 図形</td><td>C 測定</td><td rowspan="2">D データの活用</td></tr>
<tr><td>4～6年</td><td>C 変化と関係</td></tr>
</table>

拡充された指導内容の定着を限られた時間で進めるていねいな指導に加えて，数学的活動（平成 29 年の改訂で「算数的活動」から改められた）を工夫して活用力を育てるという難しい課題が，一人ひとりの教員にますます問われています。

（片岡　啓）

第2章

数と計算

この章では，学習指導要領における「A　数と計算」の領域について，目標，指導内容と系統，今日的課題を明らかにします。

第1節　数と計算領域の目標，内容，課題

(1)　数と計算領域の目標

算数科の内容は，学習指導要領において，「A数と計算」「B図形」「C測定」（第３学年まで）「C変化と関係」（第４学年から）「Dデータの活用」の４領域と「数学的活動」の５つから構成されています。また，これらすべての領域において，今回の改訂では，小学校算数科の目標を，(1)知識及び技能，(2)思考力，判断力，表現力等，(3)学びに向かう力，人間性等の三つの柱に基づいて示されています。本節では，これらの中から数と計算領域の目標を『小学校学習指導要領解説算数編（以下，解説）』（2017）から抜粋して表２－１にアンダーラインで示し，今回の改訂において特徴的な部分について見ていきます。

表２－１　数と計算領域における学年別目標

学年	目　標
1	(1)　数の概念とその表し方及び計算の意味を理解し，量，図形及び数量の関係についての理解の基礎となる経験を重ね，数量や図形についての感覚を豊かにするとともに，加法及び減法の計算をしたり，形を構成したり，身の回りにある量の大きさを比べたり，簡単な絵や図などに表したりすることなどについての技能を身に付けるようにする。 (2)　ものの数に着目し，具体物や図などを用いて数の数え方や計算の仕方を考える力，ものの形に着目して特徴を捉えたり，具体的な操作を通して形の構成について考えたりする力，身の回りにあるものの特徴を量に着目して捉え，量の大きさの比べ方を考える力，データの個数に着目して身の回りの事象の特徴を捉える力などを養う。 (3)　数量や図形に親しみ，算数で学んだことのよさや楽しさを感じながら学ぶ態度を養う。

2	(1) 数の概念についての理解を深め，計算の意味と性質，基本的な図形の概念，量の概念，簡単な表とグラフなどについて理解し，数量や図形についての感覚を豊かにするとともに，加法，減法及び乗法の計算をしたり，図形を構成したり，長さやかさなどを測定したり，表やグラフに表したりすることなどについての技能を身に付けるようにする。 (2) 数とその表現や数量の関係に着目し，必要に応じて具体物や図などを用いて数の表し方や計算の仕方などを考察する力，平面図形の特徴を図形を構成する要素に着目して捉えたり，身の回りの事象を図形の性質から考察 したりする力，身の回りにあるものの特徴を量に着目して捉え，量の単位を用いて的確に表現する力，身の回りの事象をデータの特徴に着目して捉え，簡潔に表現したり考察したりする力などを養う。 (3) 数量や図形に進んで関わり，数学的に表現・処理したことを振り返り，数理的な処理のよさに気付き生活や学習に活用しようとする態度を養う。
3	(1) 数の表し方，整数の計算の意味と性質，小数及び分数の意味と表し方，基本的な図形の概念，量の概念，棒グラフなどについて理解し，数量や図形についての感覚を豊かにするとともに，整数などの計算をしたり，図形を構成したり，長さや重さなどを測定したり，表やグラフに表したりすることなどについての技能を身に付けるようにする。 (2) 数とその表現や数量の関係に着目し，必要に応じて具体物や図などを用いて数の表し方や計算の仕方などを考察する力，平面図形の特徴を図形を構成する要素に着目して捉えたり，身の回りの事象を図形の性質から考察したりする力，身の回りにあるものの特徴を量に着目して捉え，量の単位を用いて的確に表現する力，身の回りの事象をデータの特徴に着目して捉え，簡潔に表現したり適切に判断したりする力などを養う。 (3) 数量や図形に進んで関わり，数学的に表現・処理したことを振り返り，数理的な処理のよさに気付き生活や学習に活用しようとする態度を養う。
4	(1) 小数及び分数の意味と表し方，四則の関係，平面図形と立体図形，面積，角の大きさ，折れ線グラフなどについて理解するとともに，整数，小数及び分数の計算をしたり，図形を構成したり，図形の面積や角の大きさを求めたり，表やグラフに表したりすることなどについての技能を身に付けるようにする。 (2) 数とその表現や数量の関係に着目し，目的に合った表現方法を用いて計算の仕方などを考察する力，図形を構成する要素及びそれらの位置関係に着目し，図形の性質や図形の計量について考察する力，伴って変わる二つの数量やそれらの関係に着目し，変化や対応の特徴を見いだして，二つの数量の関係を表や式を用いて考察する力，目的に応じてデータを収集し，データの特徴や傾向に着目して表やグラフに的確に表現し，それらを用いて問題解決したり，解決の過程や結果を多面的に捉え考察したりする力などを養う。 (3) 数学的に表現・処理したことを振り返り，多面的に捉え検討してよりよいものを求めて粘り強く考える態度，数学のよさに気付き学習したことを生活や学習に活用しようとする態度を養う。

5	(1) 整数の性質，分数の意味，小数と分数の計算の意味，面積の公式，図形の意味と性質，図形の体積，速さ，割合，帯グラフなどについて理解するとともに，小数や分数の計算をしたり，図形の性質を調べたり，図形の面積や体積を求めたり，表やグラフに表したりすることなどについての技能を身に付けるようにする。 (2) 数とその表現や計算の意味に着目し，目的に合った表現方法を用いて数の性質や計算の仕方などを考察する力，図形を構成する要素や図形間の関係などに着目し，図形の性質や図形の計量について考察する力，伴って変わる二つの数量やそれらの関係に着目し，変化や対応の特徴を見いだして，二つの数量の関係を表や式を用いて考察する力，目的に応じてデータを収集し，データの特徴や傾向に着目して表やグラフに的確に表現し，それらを用いて問題解決したり，解決の過程や結果を多面的に捉え考察したりする力などを養う。 (3) 数学的に表現・処理したことを振り返り，多面的に捉え検討してよりよいものを求めて粘り強く考える態度，数学のよさに気付き学習したことを生活や学習に活用しようとする態度を養う。
6	(1) 分数の計算の意味，文字を用いた式，図形の意味，図形の体積，比例，度数分布を表す表などについて理解するとともに，分数の計算をしたり，図形を構成したり，図形の面積や体積を求めたり，表やグラフに表したりすることなどについての技能を身に付けるようにする。 (2) 数とその表現や計算の意味に着目し，発展的に考察して問題を見いだすとともに，目的に応じて多様な表現方法を用いながら数の表し方や計算の仕方などを考察する力，図形を構成する要素や図形間の関係などに着目し，図形の性質や図形の計量について考察する力，伴って変わる，二つの数量の関係を表や式，グラフを用いて考察する力，身の回りの事象から設定した問題について，目的に応じてデータを収集し，データの特徴や傾向に着目して適切な手法を選択して分析を行い，それらを用いて問題解決したり，解決の過程や結果を批判的に考察したりする力などを養う。 (3) 数学的に表現・処理したことを振り返り，多面的に捉え検討してよりよいものを求めて粘り強く考える態度，数学のよさに気付き学習したことを生活や学習に活用しようとする態度を養う。

平成29年公示の学習指導要領では，「計算の仕方などを考察する力」や，「数学のよさに気付き学習したことを進んで生活や学習に活用しようとする態度を養う」ことが目標に盛り込まれています。前者は，「数学的な見方・考え方」を働かせ，数学的活動を通して児童が筋道を立てて考え，なぜその方法がよいと判断したのかを文章や数式，表，グラフ，図など様々な表現様式を用いて他の児童に説明したりするなどの言語活動によって育成されることが考えられます。その際，自分が考えて導いた結果や過程を振り返ることで，得られた結果を捉え直したり，新たな

言語活動
音声や文字，記号を使って話したり，それを聞いたり，書いたり読んだりして理解する営み

問題を見出したりして，統合的・発展的に考察ができるようにすることが望まれます。後者は，学習した内容を日常生活の中のどのようなことと関連があるのか，また他教科の内容とどのような関連があるのか，以前学習したどの内容と関連があるのかなどの思考をさせることが大切です。これらのことは，今回の改訂では，主体的・対話的で深い学びとしてまとめられています。

主体的・対話的で深い学び
学ぶことに興味や関心を持って自分の活動を振り返り，他者との対話などを通して教科で学んだ知識を相互に関連づけて社会の問題解決に活かすこと

⑵ 数と計算領域の指導内容と系統

数と計算領域の内容を，『解説』から抜粋して表２－２に示し，それらの内容の系統について見ていきます。

表２－２　数と計算領域における学年別内容

学年	内　容
1	1．数の構成と表し方：個数を比べること／個数や順番を数えること／数の大小，順序と数直線／２位数の表し方／簡単な場合の３位数の表し方／十を単位とした数の見方の構成と分解／まとめて数えたり等分したりすること 2．加法，減法：加法，減法が用いられる場合とそれらの意味／加法，減法の式／１位数の加法とその逆の減法の計算／簡単な場合の２位数などの加法，減法
2	1．数の構成と表し方：まとめて数えたり，分類して数えたりすること／十進位取り記数法／数の相対的な大きさ／一つの数をほかの数の積としてみること／数による分類整理／1/2，1/3 など簡単な分数 2．加法，減法：２位数の加法とその逆の減法／簡単な場合の３位数などの加法，減法／加法や減法に関して成り立つ性質／加法と減法の相互関係 3．乗法：乗法が用いられる場合とその意味／乗法の式／乗法に関して成り立つ性質／乗法九九／簡単な場合の２位数と１位数との乗法
3	1．数の表し方：万の単位／ 10 倍，100 倍，1000 倍，1/10 の大きさ／数の相対的な大きさ 2．加法，減法：３位数や４位数の加法，減法の計算の仕方／加法，減法の計算の確実な習得 3．乗法：２位数や３位数に１位数や２位数をかける乗法の計算／乗法の計算が確実にでき，用いること／乗法に関して成り立つ性質 4．除法：除法が用いられる場合とその意味／除法の式／除法と乗法，減法の関係／除数と商が１位数の場合の除法の計算／簡単な場合の除数が１位数で商が２位数の除法 5．小数の意味と表し方：小数の意味と表し方／小数の加法，減法

3	6．分数の意味と表し方：分数の意味と表し方／単位分数の幾つ分／簡単な場合の分数の加法，減法 7．数量の関係を表す式：□を用いた式 8．そろばん：そろばんによる数の表し方／そろばんによる計算の仕方
4	1．整数の表し方：億，兆の単位 2．概数と四捨五入：概数が用いられる場合／四捨五入／四則計算の結果の見積り 3．整数の除法：除数が1位数や2位数で被除数が2位数や3位数の除法の計算の仕方／除法の計算を用いること／被除数，除数，商及び余りの間の関係／除法に関して成り立つ性質 4．小数の仕組みとその計算：小数を用いた倍／小数と数の相対的な大きさ／小数の加法，減法／乗数や除数が整数である場合の小数の乗法及び除法 5．同分母の分数の加法，減法：大きさの等しい分数／分数の加法，減法 6．数量の関係を表す式：四則を混合した式や（ ）を用いた式／公式／□，△などを用いた式 7．四則に関して成り立つ性質：四則に関して成り立つ性質 8．そろばん：そろばんによる計算の仕方
5	1．整数の性質：偶数，奇数／約数，倍数 2．整数，小数の記数法：10倍，100倍，1000倍，1/10倍，1/100倍などの大きさ 3．小数の乗法，除法：小数の乗法，除法の意味／小数の乗法，除法の計算／計算に関して成り立つ性質の小数への適用 4．分数の意味と表し方：分数と整数，小数の関係／除法の結果と分数／同じ大きさを表す分数／分数の相等と大小 5．分数の加法，減法：異分母の分数の加法，減法 6．数量の関係を表す式：数量の関係を表す式
6	1．分数の乗法，除法：分数の乗法及び除法の意味／分数の乗法及び除法の計算／計算に関して成り立つ性質の分数への適用（分数×整数，分数÷整数←小5） 2．文字を用いた式：文字を用いた式

スパイラル
学年間や学校段階間で内容の一部を重複させて，発達や学年の段階に応じた反復

表2－2に示されているように，カリキュラムは，同じ内容を一部他学年で重ねながら順次学習が進められるスパイラル構造になっていることがわかります。このことにより，学年間がスムーズに接続できるようになっています。

「数」については，第1学年で，仲間づくりを通して集合をつくり，そこから異なる集合の要素を1対1対応させて，それが成り立つ場合にその集合に例えば共通の「5」という名前を付けるところから，「数」

の導入をします。1対1対応がつかない場合に大小関係が生じ，より大きい，より小さいという順序がつきます。このとき，1対1対応がつく集合に付けられた名前「5」は集合数ですが，1対1対応がつかない場合，例えば1＜2＜3…のように，それぞれ異なる集合に名付けられた集合数を大きさの順に並べた場合，何番目という考えが出てきますが，この場合の例えば3番目といったときの「3」は，順序数ですので，指導者は両者の違いを踏まえて指導することが大切です。

「計算」については，第1学年で，数の分解・合成から入り，2つの数量の合併と増加，求差と求残の内容につながります。これら2つの内容をもとにして，より抽象的な1位数の加法，減法へとつながっていきます。また，同じ領域間の関連だけではなく，「図形」や「測定」「変化と関係」などの他の領域との関連も捉えて指導することが大切です。学習内容間の関連構造を捉えて指導するためには，各単元がどのような学習内容で構成されているのかを分析し，それらの間の関連構造を教科内容の概念構造チャートとして具象化しておくとよいでしょう。また，このことは，他教科等との相互の関係や，幼・小の接続，小・中の接続を考える上で役立ちます。今回の改訂では，これらのことは，カリキュラム・マネジメントの一部として取り入れられています。

合併
同時にある2つの数量を合わせた大きさを求めること

増加
はじめにある数量に追加したり，増やしたりしたときの大きさを求めること

求差
2つの数量の差の大きさを求めること

求残
はじめにある数量の大きさから取り去った残りの大きさを求めること

カリキュラム・マネジメント
子どもや地域の実態を踏まえ，教育課程を編成・実施・評価し，改善を図る一連のサイクルを計画的・組織的に推進していくこと，またそのための条件づくり

(3) 数と計算領域の今日的課題

平成29年度『全国学力・学習状況調査（小学校）報告書』でもみられるように，問題に示された2つの数量の関係を一般化して捉え，そのきまりを言葉と式を用いて記述することが，「数と計算」領域での今日的な課題として挙げられます。

このことは，次のような指導が原因で生じていると思われます。

① 公式を暗記して素早く計算ができることに力が注がれがちで，式の意味やなぜそうなるのかを考えさせる指導が十分ではない。

② 計算中心の学習になっている場合が多く，日常生活や自然の中のどのような場面で学習した計算や考え方が使われているのか，新しく学ぶ計算やそこで用いる考え方は既習事項のどの内容を使っているかなど，関連で捉える指導が十分ではない。

③ 計算の仕方を自分で考えたり，筋道を立てて人に説明したり，記述

したりする指導が十分ではない。

図２－１　教員志望者の数学的活動

これらのことを解決するためには，１つは，数学的活動を積極的に取り入れることが大切です。図２－１は，２位数の加法の計算の仕方をブロックを使って考え，お互いが自分の考えを述べ合う数学的活動を大学生に体験させている様子です。この活動は，計算の意味や仕方を考えたり，考えを表現したりすることをねらいとしています。もう１つは，日常生活や自然の中のどのような場面で学習した計算や考え方が使われているのか，新しく学ぶ計算やそこで用いる考え方は既習事項のどの内容を使っているかなど，関連で捉える指導を充実させることです。何より教師自身が１学年から６学年までの各単元間の関連を理解しておく必要があります。そのための方法として，３～５人のグループをつくり，それぞれのグループで話し合いながら，学習内容間の関連を分析し，教科内容の関連を図に表す活動を行っています（図２－２）

図２－２　グループでコンセプトマップを作成して発表

このように，学習内容間のつながりを理解し，なぜそう考えたかを発表し合うことで，深い理解や活用力，表現力を育成できます。

（長谷川　勝久）

第2節　数と計算領域の指導実践

(1)　たし算のきまり（第２学年）

1)　単元名「たし算のひっ算　ひき算のひっ算」

2)　単元の目標

２位数±２位数のひっ算の仕方を理解し，計算することができる。

3)　指導計画（12時間完了）

(1)　繰り上がりのないたし算の　ひっ算……２時間
(2)　繰り上がりのあるたし算の　ひっ算……２時間
(3)　繰り下がりのないひき算の　ひっ算……２時間
(4)　繰り下がりのあるひき算の　ひっ算……２時間
(5)　たし算とひき算のきまり…………………２時間
(6)　学習のまとめ………………………………２時間

4)　本時とその指導（9/12時間目）

①　本時の目標

加法について，交換法則が成り立つことに気付く。

②　本時の展開

過程	主な学習活動（児童の反応・）	教師の働きかけ（○）と 形成的評価（◆）
つかむ	1. 本時の学習課題をつかむ。 男の子が（　）人います。 女の子が（　）人います。 ぜんぶで何人ですか。 （　）に数を入れ，しきを書いて答えをもとめましょう。また，男の子と女の子の数を入れかえてしきを書き，答えをもとめてみましょう。	◆様々な式を考えようとしている。【学びに向かう力，人間性】〈観察・ノート〉
考える	2. ブロックやテープ図を用いて考える活動や，ノートに図を描いて考える活動などから，様々な式を考え，計算する。 ・24+16=40　12+15=27 16+24=40　15+12=27　など	◆既習事項である筆算を使って立てた計算ができるとともに，タス数と足される数の用語について理解できる。【知識・理解】〈観察・ノート〉 ○２色のブロックを用意し，それぞれの色を男子と女子にあて，ブロックを操作させる。

考える	3. 各自，様々な式を比べることで気が付いたことをまとめる。	○たす数とたされる数の用語について確認する。 ◆加法の交換法則が成り立つことに気付く。【思考・判断・表現】〈ノート〉
学び合う	4. グループに分かれて，各自がつくった式と気が付いたことをグループの他のメンバーに説明する。 5. グループのメンバーが全員説明し終えた後，グループとしての考えを話し合いながらつくり上げる。 6. グループごとに，グループでまとめた内容をクラスで発表する。	○グループ内での発表では，他の児童との考え方の共通点や違いについて注目させる。 ◆協働で考えをまとめ，伝え合うことができる。【思考・判断・表現】〈発表の様子〉
まとめる	7. それぞれのグループで発表した式や，それらに関して気が付いたことをまとめる。 たされる数とたす数を入れかえて計算しても，答えは同じになる。 8. 次時の課題について考える。 今回まとめた内容は，どのような場面で使うと役立つか考えてみましょう。	○気付いたことを文章でまとめさせる。 ○学んだ結果を算数の学習場面や生活場面において活用できるように具体的な問題を考えさせる。

5) 指導のポイント

文部科学省（2017）の学習指導要領解説算数編によると，第２学年の加法，減法においては，数量の関係に着目し，計算の仕方を考えたり計算に関して成り立つ性質を見いだしたりするとともに，その性質を活用して，計算を工夫したり計算の確かめをしたりすることが挙げられている。

本時は，児童が各自で問題をつくって立式し，ブロック，テープ図，既習事項である筆算を使って計算することから，加法では，たされる数とたす数を入れ替えて計算しても答えは変わらないことを帰納的に気付かせる授業である。この際，１つの事例から考えさせるのではなく，各自で問題の数値をかえることで複数の式から帰納的に考えさせることが大切である。さらに，得られた結果が，どのような場面で活用できるのかを考えさせ，役立つことを実感できるような学習につなげていくこともポイントの１つでる。

（宇佐美　駿）

⑵　異分母分数の加法（第５学年）

1）　単元の目標

分数の意味や表し方について深めた理解の上に，異分母の分数の加法及び減法の計算の仕方を考え，それらの計算ができるようにする。

2）　指導計画（14 時間完了）

⑴大きさの等しい分数…５時間

⑵分数のたし算とひき算…７時間

⑶学習のまとめ…２時間

3）　本時とその指導（6/14 時間目）

①本時の目標

５枚の画用紙を６人に均等に分ける活動を通して，分母の異なる分数の加法の計算の仕方に関する学習課題を立てることができる。

②本時の展開

過程	主な学習活動（児童の反応）	教師の働きかけ（○）と形成的評価（◆）
つかむ	1．本時の学習問題をつかむ。 ［５枚の画用紙を６人に均等に分ける。］ 2．５枚の画用紙を６人に均等に分けたときの１人あたりの画用紙の大きさを求める。 ・$5 \div 6 = \frac{5}{6}$なので，１人あたり$\frac{5}{6}$枚 3．実際に，画用紙５枚を個人に配り，６人に均等に分けてみる。 4．学習課題を設定する。 ［５枚の画用紙を６人に均等に分けるにはどうすればいいだろうか。］	○電子黒板に PowerPoint を用いて作成した本時の問題を提示することで，学習の見通しを立てやすくする。 ○セロテープやのりを使わずに，なるべく大きい画用紙を均等に配れるようにする方法を考えるように指導する。
考える	5．画用紙を均等に分ける活動やノートに図を書いて考える活動から，５枚の画用紙を６人に均等に分ける方法を考える。	○ノートに均等に分ける方法を考えてから活動を行うように指示をする。

学び合う	6. グループに分かれて，自分の考えを発表し，グループの考えを作る。 7. グループごとに，グループの考えを発表し，なるべく大きく５枚の画用紙を６人に均等に分けられている考えがどれなのかを話し合う。	◆数学的に表現・処理したことを振り返り，協働で考えた意見を検討しようとしている。(学びに向かう力・人間性)
まとめる	8. それぞれのグループで出た考えから，最も５枚の画用紙を６人になるべき大きく均等に分ける方法をまとめる。 まとめ $\frac{1}{2}+\frac{1}{3}$が最も均等に分ける方法としていい。 9. $\frac{1}{2}+\frac{1}{3}$の式であることを踏まえた上で新たな学習課題を立てる。 新たな学習課題 $\frac{1}{2}+\frac{1}{3}$の計算の仕方をどうすればよいか。	◆活動を通して，分母の異なる分数の加法の計算の仕方に関する学習課題を立てることができる。(思考力，判断力，表現力)

4) 指導のポイント

計算の仕方を考える授業を設計する際，２つのポイントがあります。１つ目は，計算の仕方を考えることに重きを置くため，取り上げる問題について，子どもが計算の仕方を考えやすいような数値設定にする必要があること。２つ目は，子どもが考えた計算の仕方が妥当であるかを判断する上で，計算結果がすでにわかっている必要があること。

文部科学省（2017）の学習指導要領解説算数編の第５学年の分数の加法において，分母と分子を用いて表現された分数の意味や大きさに着目して，あらかじめ結果の大きさについて見積もったり，得られた結果の妥当性を検討したりするなど，より妥当な判断を下そうとする慎重な態度を伸ばすようにすることが求められています。

本時の授業では，子どもが異分母の分数の加法の和の見通しをもった上で，問題解決にたどり着くためにはどのような計算の仕方をすればよいのかについて，子ども自身が学習課題を設定できるようにするための位置付けとして設定しています。

子どもは，$\frac{5}{6}$を５÷６の計算の中で導くことはできます。しかし，実際にやってみると５人は$\frac{5}{6}$の大きさの画用紙を受け取れますが，１人は，画用紙の$\frac{1}{6}$を５こ分集めたものを受け取ることになってしまいます。６人全員に，なるべく大きさが大きく，均等に同じ大きさの画用紙を配れるようにするためには，$\frac{1}{2}+\frac{1}{3}$にすることが最も適切に分けることができる方法です。

また，$\frac{1}{2}+\frac{1}{3}=\frac{5}{6}$の式を立てることができると，次時の計算の仕方を考える授業において，子どもが$\frac{1}{2}+\frac{1}{3}$から，どうすれば分母が6になり，分子が5になるのかと考えることができます。このように，答えの見通しを持つことで，問題の焦点化が容易になります。

また，通分してそろえる分母の大きさをできる限り小さくするために$\frac{1}{2}+\frac{1}{3}$になるように数値設定を行いました。それにより，子どもが計算の仕方を数直線やタイル等を用いて考える際に，容易になります。

（今井　智貴）

第3章

図形

この章では，学習指導要領における「C　図形」領域について目標，指導内容と系統，今日的課題について明らかにします。

第1節　図形領域の目標，内容，課題

(1)　図形領域の目標

小学校算数科の図形領域は，数学では幾何学に分類されます。幾何学は，古代ギリシャで，人間が日常生活で経験する物の形体等に関連した経験をもとにして生まれた学問です。当初，人間の日常生活の経験をもとに生まれた幾何学は，その後，理論を重ねることによって説明したり確かめたりすることに重点が置かれるようになりました。ユークリッドの「幾何学原本（Elements）」（中村幸四郎他訳，2011）において，それまで断片的に存在していた図形に関する知識や論理過程が，定義，公理・公準といった明らかであるとする事柄をもとにした厳密な論理的体系にまとめられました。ユークリッドの「幾何学原本」によって，少数の定義，公理・公準をもとに演繹によって論証を進めるという，その後の数学の体系の基礎が築かれました。ユークリッドの「幾何学原本」は，その後17世紀に至るまで，幾何学及び他の学問の模範的典型として取り扱われてきました。

ユークリッド
幾何学の父と称される紀元前300年頃の古代ギリシアの数学者

17世紀になると座標を使って幾何学の問題を代数的に解く方法である「解析幾何学」の分野が生まれました。変数の導入によって図形を動的に捉えることで，関数の概念を用いて分析することが可能になりました。

19世紀になると，ユークリッド幾何学の平行線の公準を否定しても成立する幾何学が存在することが明らかにされ，非ユークリッド幾何学の公理系が構成されました。

平行線の公準
任意の直線が1本，任意の点が1点あるとき，この点を通ってこの直線に平行な直線がただ1本引けること

このように，幾何学という学問は，空間についての分析の方法が多様になるにつれて，発展を続けてきました。このような発展の中でも，ユ

ークリッド幾何は，その成立から現在に至るまで，世界における初等・中等教育段階の図形教育の基本として指導し続けられています。現在の，日本の小学校算数科，中学校数学科の「図形」領域でも，ユークリッド幾何が主な学習内容です。その理由としては，ユークリッド幾何の指導は，学習者に基礎的な図形の性質を理解させることはもちろんですが，定義，公理・公準を基に演繹によって論証を進めるという数学の体系を理解させること，さらに思考の方法を理解させることができることがあげられます。したがって，図形領域の指導では，「図形の正しい概念を形成させること」，「空間の認識の仕方を理解させること」，「数学の体系を理解させること」，「筋道を立てた明確な思考・表現ができるようにすること」が重要です。

小学校学習指導要領解説算数編では，平成29年に告示された学習指導要領における小学校算数科の図形領域の主なねらいを，育成すべき資質・能力の３つの柱に沿って次の３つに整理しています。

① 基本的な図形や空間の概念について理解し，図形についての豊かな感覚の育成を図るとともに，図形を構成したり，図形の面積や体積を求めたりすること

② 図形を構成する要素とその関係，図形間の関係に着目して，図形の性質，図形の構成の仕方，図形の計量について考察すること。図形の学習を通して，筋道立てた考察の仕方を知り，筋道を立てて説明すること

③ 図形の機能的な特徴のよさや図形の美しさに気付き，図形の性質を生活や学習に活用しようとする態度を身に付けること

授業においては，これらの目標・ねらいを達成するために，子どもの学習活動をどのように分析し，どのような内容を取りあげ，どんな順序で指導を進めればよいかということを，数学の特性に沿って考える必要があります。

小学校学習指導要領解説算数編では，各学年の図形領域の目標を，育成すべき資質・能力の３つの柱に沿って，表４－１のように整理しています。

表４－１　各学年の図形領域の目標

学年	知識及び技能	思考力，判断力，表現力等	学びに向かう力，人間性等
1	図形についての理解の基礎となる経験を重ね，感覚を豊かにするとともに，形を構成することについての技能を身に付けるようにする。	ものの形に着目して特徴を捉えたり，具体的な操作を通して形の構成について考えたりする力を養う。	数量や図形に親しみ，算数で学んだことのよさや楽しさを感じながら学ぶ態度を養う。
2	基本的な図形の概念について理解し，図形についての感覚を豊かにするとともに，図形を構成することについての技能を身に付けるようにする。	平面図形の特徴を図形を構成する要素に着目して捉えたり，身の回りの事象を図形の性質から考察したりする力を養う。	数量や図形に進んで関わり，数学的に表現・処理したことを振り返り，数理的な処理のよさに気付き生活や学習に活用しようとする態度を養う。
3	基本的な図形の概念について理解し，図形についての感覚を豊かにするとともに，図形を構成することについての技能を身に付けるようにする。	平面図形の特徴を図形を構成する要素に着目して捉えたり，身の回りの事象を図形の性質から考察したりする力を養う。	数量や図形に進んで関わり，数学的に表現・処理したことを振り返り，数理的な処理のよさに気付き生活や学習に活用しようとする態度を養う。
4	平面図形と立体図形について理解するとともに，図形を構成することについての技能を身に付けるようにする。	図形を構成する要素及びそれらの位置関係に着目し，図形の性質や図形の計量について考察する力を養う。	数学的に表現・処理したことを振り返り，多面的に捉え検討してよりよいものを求めて粘り強く考える態度，数学のよさに気付き学習したことを生活や学習に活用しようとする態度を養う。
5	図形の意味と性質，図形の体積などについて理解するとともに，図形の性質を調べたり，図形の面積や体積を求めたりすることなどについての技能を身に付けるようにする。	図形を構成する要素や図形間の関係などに着目し，図形の性質や図形の計量について考察する力を養う。	数学的に表現・処理したことを振り返り，多面的に捉え検討してよりよいものを求めて粘り強く考える態度，数学のよさに気付き学習したことを生活や学習に活用しようとする態度を養う。
6	図形の意味，図形の体積などについて理解するとともに，図形の面積や体積を求めたりすることなどについての技能を身に付けるようにする。	図形を構成する要素や図形間の関係などに着目し，図形の性質や図形の計量について考察する力を養う。	数学的に表現・処理したことを振り返り，多面的に捉え検討してよりよいものを求めて粘り強く考える態度，数学のよさに気付き学習したことを生活や学習に活用しようとする態度を養う。

⑵　図形領域の指導内容と系統

小学校学習指導要領では，各学年の図形領域の内容が，表４－２のように示されています。

表４－２　各学年の図形領域の内容

学年	知識及び技能	思考力，判断力，表現力等
1	・もののの形を認め，形の特徴を知ること。 ・具体物を用いて形を作ったり分解したりすること。 ・前後，左右，上下など方向や位置についての言葉を用いて，ものの位置を表すこと。	・ものの形に着目し，身の回りにあるものの特徴を捉えたり，具体的な操作を通して形の構成について考えたりすること。
2	・三角形，四角形について知ること。 ・正方形，長方形，直角三角形について知ること。 ・正方形や長方形の面で構成される箱の形をしたものについて理解し，それらを構成したり分解したりすること。	・図形を構成する要素に着目し，構成の仕方を考えるとともに，身の回りのものの形を図形として捉えること。
3	・二等辺三角形，正三角形などについて知り，作図などを通してそれらの関係に次第に着目すること。 ・基本的な図形と関連して角について知ること。 ・円について，中心，半径，直径を知ること。また，円に関連して，球についても直径などを知ること。	・図形を構成する要素に着目し，構成の仕方を考えるとともに，図形の性質を見いだし，身の回りのものの形を図形として捉えること。
4	・直線の平行や垂直の関係について理解すること。 ・平行四辺形，ひし形，台形について知ること。 ・立方体，直方体について知ること。 ・直方体に関連して，直線や平面の平行や垂直の関係について理解すること。 ・見取図，展開図について知ること。 ・ものの位置の表し方について理解すること。 ・面積の単位（平方センチメートル（cm^2），平方メートル（m^2），平方キロメートル（km^2））について知ること。 ・正方形及び長方形の面積の計算による求め方について理解すること。 ・角の大きさを回転の大きさとして捉えること。	・図形を構成する要素及びそれらの位置関係に着目し，構成の仕方を考察し図形の性質を見いだすとともに，その性質を基に既習の図形を捉え直すこと。 ・図形を構成する要素及びそれらの位置関係に着目し，立体図形の平面上での表現や構成の仕方を考察し図形の性質を見いだすとともに，日常の事象を図形の性質から捉え直すこと。 ・平面や空間における位置を決める要素に着目し，その位置を数を用いて表現する方法を考察すること。 ・面積の単位や図形を構成する要素に着目し，図形の面積の求め方を考えるとともに，面積の単位とこれまでに学習した単位との関係を考察すること。

	・角の大きさの単位（度（°））について知り，角の大きさを測定すること。	・図形の角の大きさに着目し，角の大きさを柔軟に表現したり，図形の考察に生かしたりすること。
5	・図形の形や大きさが決まる要素について理解するとともに，図形の合同について理解すること。 ・三角形や四角形など多角形についての簡単な性質を理解すること。 ・円と関連させて正多角形の基本的な性質を知ること。 ・円周率の意味について理解し，それを用いること。 ・基本的な角柱や円柱について知ること。 ・三角形，平行四辺形，ひし形，台形の面積の計算による求め方について理解すること。 ・体積の単位（立方センチメートル（cm^3），立方メートル（m^3））について知ること。 ・立方体及び直方体の体積の計算による求め方について理解すること。	・図形を構成する要素及び図形間の関係に着目し，構成の仕方を考察したり，図形の性質を見いだし，その性質を筋道を立てて考え説明たりすること。 ・図形を構成する要素に着目し，図形の性質を見いだすとともに，その性質を基に既習の図形を捉え直すこと。 ・図形を構成する要素などに着目して，基本図形の面積の求め方を見いだすとともに，その表現を振り返り，簡潔かつ的確な表現に高め，公式として導くこと。 ・体積の単位や図形を構成する要素に着目し，図形の体積の求め方を考えるとともに，体積の単位とこれまでに学習した単位との関係を考察すること。
6	・縮図や拡大図について理解すること。 ・対称な図形について理解すること。 ・身の回りにある形について，その概形を捉え，およその面積などを求めること。 ・円の面積の計算による求め方について理解すること。 ・基本的な角柱及び円柱の体積の計算による求め方について理解すること。	・図形を構成する要素及び図形間の関係に着目し，構成の仕方を考察したり図形の性質を見いだしたりするとともに，その性質を基に既習の図形を捉え直したり日常生活に生かしたりすること。 ・図形を構成する要素や性質に着目し，筋道を立てて面積などの求め方を考え，それを日常生活に生かすこと。 ・図形を構成する要素などに着目し，基本図形の面積の求め方を見いだすとともに，その表現を振り返り，簡潔かつ的確な表現に高め，公式として導くこと。 ・図形を構成する要素に着目し，基本図形の体積の求め方を見いだすとともに，その表現を振り返り，簡潔かつ的確な表現に高め，公式として導くこと。

これらの指導内容は，子どもがまず図形を形や構成要素の特徴から弁別できるようにし，次にその理解をもとに各図形の構成要素の大きさや位置関係に着目することで図形の性質を深く理解できるようにします。さらには弁別した図形同士の間に共通した性質を見つけることで統合し

て理解することができるようにするなどします。各学年の内容は既習の内容を生かしながら指導が進められるように系統的に配列されています。したがって，指導においては，数学的活動をうまく利用しながら学習内容を理解させ，子ども達が既習事項を活用して図形の性質や図形同士の関連をより深く考えたり，考えたことを表現したり，説明したりできるようにすることが大切です。

⑶　図形領域の今日的課題

OECDの生徒の学習到達度調査やIEAの国際数学・理科教育調査の結果では，子ども達が獲得した知識や技能を実際の場面で活用する力に課題があることが報告されています。算数の授業においては，数量・図形においての規則，手続き，概念などを，教師が筋道立てて説明したり，子ども自身に思考させて見つけさせたりした後，練習問題を繰り返して解き，知識の定着を図ることが多いようです。このような流れの算数の授業の問題点としては，子どもは与えられた問題を決まった解き方で解く練習が中心となって自分独自の発想を生かすことがあまり行われないことや，柔軟に考えてさらに発展させたりする場面がほとんどないことなどが指摘されます。授業においては，教師が能動的・発展的な学習活動を設定して，子ども達の創造的な思考が活性化されるように仕組むことが重要です。

秋田・齋藤（2011）は，子ども達の問題解決の傾向を分析し，算数における子ども達の柔軟的発想を阻害する要因を明らかにしています。問題解決の背景にある数学を深く理解しないで解決のための手続きを繰り返し使用すると，定式化された解決方法に固着した思考しかできず，多様な思考が抑制されます。子どもが数学的な見方・考え方を働かせられるようにするためには，教師が，定式化された解決方法だけでは解決できない問題を子どもに与えて，柔軟に見方・考え方を広げさせたり多様な思考を誘発したりすることが重要です。

例えば，次のような「図形」及び「量と測定」の領域に関わる三角形の求積を題材とする問題があります。問題１は「定式化された解決方法を使用しないよう制約を設けた問題」の例，問題２は「多くの解決方法を考えさせる問題」の例です。子どもたちは，問題１に取り組むことで画一的な解決方法に囚われず見方・考え方を広げること，問題２に取り組むことで制約条件を乗り越えようとする態度をもつことができます。

問題１

三角形の面積の公式を使わないで，右の三角形の面積を求めましょう。

途中の考え方や式もかきましょう。

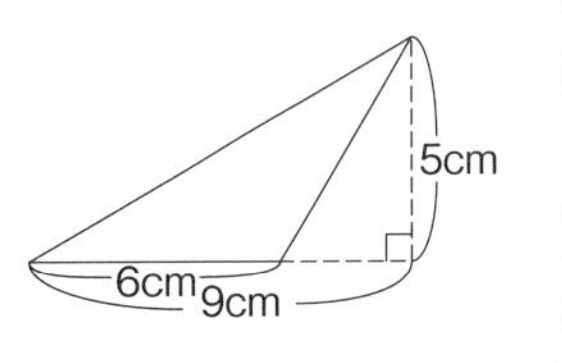

問題２

右の三角形の面積を求める方法を５つ以上考えましょう。

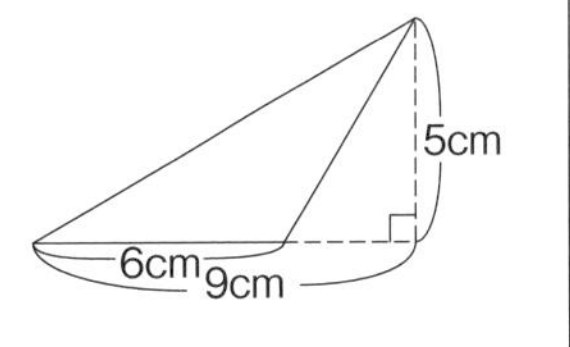

（秋田　美代）

第2節　図形領域の指導実践

(1)　かたちであそぼう（第1学年）

1)　単元名　かたちであそぼう（第1学年）

2)　単元の指導計画　計6時間

第1次　ころがしてあそぼう　…　2時間

第2次　つんであそぼう　…　2時間（本時2／2）

第3次　はこでつくろう　…　2時間

3)　本時の目標

つみっこあそびを通して，形の特徴や機能に気付くことができる。

4)　本時の展開

①　本時の指導について

子ども達の身の回りには，いろいろな形をした物があり。例えば，お菓子の箱であるとか，ボール，ポテトチップスが入っている筒などです。また，箱の中には柱体，錐体でできた複雑な形のものもあります。そのような形に触れる経験を通し図形に対しての理解の基礎となる経験を豊かにしたいところです。そこで本時では積み木遊びの1つであるつみっこあそびを通して，形の特徴を捉えるのがねらいです。自分たちが集めてきた箱，筒，錐体，球などのものをグループで積み，どこまで高く積み上げられるかが子どもたちのめあてになります。その際，どんな形の立体をどのような向きで，どういう順序で積み上げていけばよいのかを見つけ出せるように声かけをしていきます。このような活動を通して，立体の形や面の特徴に着目させ，具体物と対応させて考えさせます。実際に手で触れ，経験させることで，図形に対する豊かな感覚を身に付けさせたいところです。

②　展開

時間	学習活動	教師の支援	評　価
5分	1. 集めてきた箱，筒，ボール，缶を使って，つみっこあそびをすることをたしかめ，ルールを確認する。	1. 1グループにつき，箱などは1つずつ積み上げていくことを確認させる。その際，向きなどは，自由であることも確かめさせる。	表情や行動から学習のめあてをつかむことができたかをみる。

	どこまで高く積み上げられるかやってみよう。		
20分	2. 各グループで仲よくつみっこあそびをする。 ・筒はこの向きしか積めないな。でもぐらぐらしてたおれそう。 ・段ボールなんかは，長い方を縦にした方がより高くなるよ。	2. 子ども同士のつぶやきのなかで，形に着目した言葉をメモし，それをフィードバック 例：「筒は横ではだめなので縦にしようよ」というつぶやきに対しては，「どうして横じゃだめなの」することにより，形の特徴に着目することができるようにする。	積んでいる様子などから，自分なりに考えているかを把握する。
5分	3. 中間発表をする。 ・どこのグループが一番高く積めているのかな。 ・高く積めているコツはあるのかな。	3. 中間発表をすることにより，より高く積めているグループの積み方を観察させる。 ・たおれにくいような工夫はどこかな。 ・どんなものを多く使っているかな。 ・わかったことを試してみよう。	観察している様子やつぶやきから形の特徴に着目できているかをみる。
15分	4. より高く積めることをめあてにあそびを再開する。 ・○○さんのグループのように◇◇の形を△△のように積んでみよう。	4.「高く積めるコツはなに？」というタイトルで，高く積めるコツを１文でまとめさせる。その際，箱，筒などをどのような向きなどで積めばよいかということを声かけすることにより，形に特化したまとめができるようにする。	追体験の様子から形の特徴について理解できたかをみる。

5）指導のポイント

本時はつみっこあそびを通して，形の特徴を捉えるという学習活動を組みました。その際ポイントになることはいかに高く積めるかということです。高く積めるということは２つの要因が必要です。まず１つは，できるだけ１つの箱などで高さを稼ぐということです。つまり同じ直方体であっても横に積むのと，縦に積むのでは同じ１つのものでも高さが違います。そこは形の特徴に着目できていなければ，子どもたちは気付きません。次に２つ目として，いかに安定して積めるかということです。すぐに崩れるようでは高く積み上げることはできません。そのために平面などに着目して積んでいかなければうまく積めないのです。この２つのことを指導者が意識しておくことにより，あそびの中での子ども達のつぶやきにおいて，これらに関連するつぶやきをうまく拾い，取り上げることができます。それをいかに広げていくかが本時においての大事なポイントです。つまり，この部分を指導者が言うのはたやすいことですが，この活動の本質である子ども達に気付かせるという一番大事な視点を忘れてはいけません。そのために指導者の口から言うのではなく，子ども達のつぶやきを広げ，そのことにより他の子ども達が気付いていく，見付けていく展開にしていきます。そういう活動を指導者が繰り返すことは，今後において子ども達が自ら考え見出していく力を付ける礎になります。

⑵ 立体をつくってみよう（第５学年）

1） 単元名　立体をつくってみよう（第５学年）

2） 単元の指導計画　計８時間

第１次　角柱について考え，見取図や展開図をかく……３時間（本時２／３）

第２次　円柱について考え，見取図や展開図をかく……３時間

第３次　「わたしの立体づくり」をする……２時間

3） 本時の目標

角柱の面の数や辺の数，頂点の数における性質に気付くことができる。

4） 本時の展開

① 本時の指導について

子ども達は，立体について，第４学年までに，直方体や立方体の構成要素などの特徴および見取図や展開図についても学習しています。日常において，身の回りの建物や箱に改めて目を向けてみると，直方体や立方体に限らず，角柱や円柱という基本的な立体がたくさん存在することがわかります。そこで，立体のきまりについて考える活動を通して，最終的には立体をつくることを目的とした本単元を立ち上げることにします。

本単元は，角柱や円柱について知り，それらの面・辺・頂点の数などの特徴を調べたり，三角柱や円柱の見取図や展開図の特徴を知り，それらをかくことができたりすることをねらいとしています。

本時は，十六角柱の構成要素である面の数，辺の数，頂点の数を調べる活動を通して，角柱の構成要素のきまりを導き出すことがねらいです。

最初は，複雑な十六角柱を推論しながら面の数，辺の数，頂点の数を数える子どもが多くいます。そこで，正答いかんにかかわらず結論が出ている子どもには，調べたことの確かめとして，「その根拠はどこにあるの。」と問います。そこから子ども達は，根拠を確かめるために図で表したり，十六角柱以外の角柱に視点が向けられたりします。出された根拠を板書で整理し，表にまとめます。そして，「この考えは間違いないの」とゆさぶったり，切り返したりすることにより，それぞれの角柱の面の数，辺の数，頂点の数において，各角柱単体でしか見えていなかったものを，きまり（性質）として角柱全体を統合，一般化した見方にすることができるようにします。

時間	学習活動	教師の支援	評　価
5分	1. ノートで前時の振り返りを読み返す活動を通して，本時のめあてをつかむ。	1. 三角柱などの立体は操作できるようにすることにより，見通しをもつことができるようにする。	発表の様子や表情から学習のめあてをつかむことができたかをみる。
	十六角柱の面，辺，頂点の数について考えよう。		
10分	2. 各自，ノートにかきだして，考える。 ・頂点の数は，底面が十六角形だから，その2つ分……。 ・辺の数は，確か三角柱の場合，9本だったから……。	2. 机間指導の際，「本当にそうなるの」と問いかけることや「十五角柱ではどうだろう」と他の事例を促すことにより，多くの事例をもとに，根拠のある考えをもつことができるようにする。	ノートに記述している様子などから，自分なりに考えているかを把握する。
20分	3. 考えをもとに話し合う。 ・十六角柱の立体を絵にすると……。 ・三角柱から考えて見ると簡単に……。	3. 発表で出てきた各角柱の面，辺，頂点の数を画用紙に書き板書に貼ることにより，表にまとめて整理しやすくすることができるようにする。 「この表から何か見えることはないか」と問うたり，観察することを促したりすることにより，きまりを見付けることができるようにする。	発表の内容や追体験の様子から逆数について理解できたかをみる。
10分	4. 本時の学習を振り返る。 ・わたしにとってわかりやすい求め方は，○角柱の面の数は○+2，辺の数は○×２+○という考えを使って……。	4. 書き出しの文を示すことにより，新しく身に付いた考えや，次に活かしたいやり方を書くことができるようにする。	本時のまとめから本時の学習の理解度を把握する。

5） 指導のポイント

今回の実践では，角柱の構成要素（頂点，辺，面の数）に着目させることによって，角柱を統合的に見る見方を培うという点では，本時のねらいは達成できました。その1つの要因としては，見えない教材，本時でいうと見えにくい（複雑な）十六角柱を教材として扱ったことが挙げられます。見えにくいがゆえに念頭操作が子ども達の考えの主になりました。しかし，子ども達は，それを証明するための根拠となるものを見付けなければなりません。その状況があったからこそ簡単な角柱から頂点，辺，面の数のきまりを見出そうとする活動に展開することができました。答えは何となく見えていて，わかっているのだけれど，それをいかに証明できるか，証拠をどれだけ探せるかが今回の実践である図形を統合して見る力の授業の肝でした。証拠を探す活動を通し，見えなかったきまりが見えてくる。また，このような算数的活動を通し，友達と学び合い考えを出すからこそ角柱の性質に気付くことができる。今回はそんな学習になりました。

ただ，今回は十六角柱という教材を教師から提示しましたが，子ども一人ひとりが調べてみたい興味のある角柱の構成要素を各自で探求させてもおもしろいでしょう。各自が調べたものを教師が板書で整理してやることにより，図形を単体ではなく，統合して見ることができます。そういう展開も今後この学習を進めるときには取り入れてみたいと思います。

（林　隆宏）

第4章

測定

この章では，学習指導要領における「C　測定」の領域について，目標，指導内容と系統，今日的課題を明らかにします。

第1節　測定領域の目標，内容，課題

(1)　測定領域の目標

「知識及び技能」「思考力，判断力，表現力」「学びに向かう力，人間性等」という観点から，測定領域の各学年の目標を『小学校学習指導要領解説算数編』から抜粋し，表4－1にまとめました。

表4－1　測定領域における学年別目標

学年	1	2	3
知識及び技能	量についての理解の基礎となる経験を重ね，量についての感覚を豊かにすると共に，身の回りにある量の大きさを比べることについての技能を身に付けるようにする。	量の概念について理解し，量についての感覚を豊かにすると共に，長さやかさなどを測定することについての技能を身に付けるようにする。	量の概念について理解し，量についての感覚を豊かにすると共に，長さや重さなどを測定することについての技能を身に付けるようにする。
思考力，判断力，表現力	身の回りにあるものの特徴を量に着目して捉え，量の大きさの比べ方を考える力。	身の回りにあるものの特徴を量に着目して捉え，量の単位を用いて，的確に表現する力。	身の回りにあるものの特徴を量に着目して捉え，量の単位を用いて，的確に表現する力。
学びに向かう力，人間性等	量に親しみ，算数で学んだことのよさや楽しさを感じながら学ぶ態度を養う。	量に進んで関わり，数学的に表現・処理したことを振り返り，数理的な処理のよさに気付き，生活や学習に活用しようとする態度を養う。	量に進んで関わり，数学的に表現・処理したことを振り返り，数理的な処理のよさに気付き，生活や学習に活用しようとする態度を養う。

表4－1の各学年別の目標において，測定領域の学習内容は，身の回りにあるものという具体物を用いた数学的活動により，豊かになっていきます。

量についての理解の基礎となる経験または量の概念についての理解に関して，ある量についての知識を獲得したり，理解したりするためには，そこに至るまでの過程があります。この過程において，見通しをもち，筋道を立てて考え，表現することが大切です。このような意味において，数学的な見方・考え方が深く関わってきます。

量についての感覚を豊かにすることに関して，指導に当たっては，いろいろな具体物についての大きさを調べたり，確かめたりする数学的活動を取り入れるよう配慮したり，いろいろな場面での比較や測定の活動を行ったりすることが大切です。

身の回りにある量の大きさを比べたり，長さ・かさ・重さ・時間などを測定したりすることについての技能を身に付けることに関して，単に技能を強調するのではなく，数理的な処理のよさに気付かせていく必要があります。また，長さ・かさ・重さ・時間の単位間の関係については，具体的な場面を通して，理解を図っていく必要があります。

測定領域における指導では，一般的に，直接比較（ものを移動し，重ね合わせることにより比べる），間接比較（2つのものの大きさを，それと等しい別のものに置き換えて比べる），任意単位を用いた測定（ある量を測定する際に，基準として自由に定めた単位を用いて測定する），普遍単位を用いた測定（ある量を測定する際に，社会的・文化的に公認された基準となる単位を用いて測定する）という指導の段階があります。ただし，指導者として，測定領域においては，「ある量についての量概念ができてからそれを測定するのではなくて，ある量を測定することによって，量概念が形成されるという事実，つまり，測定概念は，量概念の形成に先行するという極めてパラドクシカルな心的事実」（平林，1987）を知っておく必要があります。

直接比較
ものを移動し，並べて直に重ね合わせることで比べること

間接比較
2つの大きさを，それと等しい別のものに置き換えて比べること

任意単位
例えば，歩幅，手の長さなどのように，ある量を測定する際に基準として自由に定めた単位

普遍単位
例えば，メートル，キログラム，秒などのように，ある量を測定する際に文化的に公認された基準と単位

(2) 測定領域の指導内容と系統

先に示した表4－1からわかるように，測定領域のねらいは，次の3つに整理することができます。

・身の回りの量について，その概念及び測定の原理と方法を理解すると共に，量についての感覚を豊かにし，量を実際に測定すること
・身の回りの事象の特徴を量に着目して捉え，量の単位を用いて，的確に表現すること
・測定の方法や結果を振り返って，数理的な処理のよさに気付き，量とその測定を生活や学習に活用しようとする態度を身に付けること

上述しましたねらいに沿って，数学的な見方・考え方に着目し，内容を整理しますと，次の４つにまとめることができます。

① 量の概念を理解し，その大きさの比べ方を見出すこと
② 目的に応じた単位により，量の大きさを的確に表現したり，比べたりすること
③ 単位の関係を統合的に考察すること
④ 量とその測定の方法を日常生活に活かすこと

これら①～④の観点から，測定領域の指導内容（量の単位，量の比較や測定など）とを『小学校学習指導要領解説算数編』から抜粋し，表４－２にまとめました。この表を基に，各学年の指導内容と系統について見ていきます。

表４－２　測定領域における学年別の指導内容と数学的活動

数学的な見方・考	・身の回りにあるものの特徴に着目して			
	①の観点	②の観点	③の観点	④の観点
	・直接比較 ・間接比較 ・任意単位を用いた測定	・普遍単位を用いた測定 ・大きさの見当付け ・単位や計器の選択 ・求め方の考察		
第１学年	・長さの比較 ・広さの比較 ・かさの比較	・日常生活の中での時刻の読み		・量の比べ方 ・時刻

第２学年		・長さ，かさの単位（mm，cm，m 及び mL，dL，L） ・測定の意味の理解 ・適切な単位の選択 ・大きさの見当付け ・時間の単位（日，時，分）	・時間の単位間の関係の理解	・目的に応じた量の単位と測定の方法の選択とそれら数表現 ・時刻や時間
第３学年	・重さの比較	・長さ，重さの単位（km 及び g，kg） ・測定の意味の理解 ・適切な単位や計器の選択とその表現 ・時間の単位（秒）・時刻と時間	・長さ，重さ，かさの単位間の関係の統合的な考察	・目的に応じた適切な量の単位や計器を選択と数表現 ・時刻と時間

第１学年から第３学年までに順次，学校や家庭にあるものの長さ，広さ，かさ，重さについて，直接比較→間接比較→任意単位を用いた測定→普遍単位を用いた測定を通して，それぞれの量の意味やその測定の仕方についての理解を図ります。時刻と時間については，日常生活の中で時刻を読むことや時刻と時間の区別ができるようにします。

⑶　測定領域の今日的課題

量とは，大小比較可能なもののことです。測定とは，単位を定めて，ある量がその何倍あるのかを計器を用いて測ることです。量は，図４－１に示すように分類することができます。

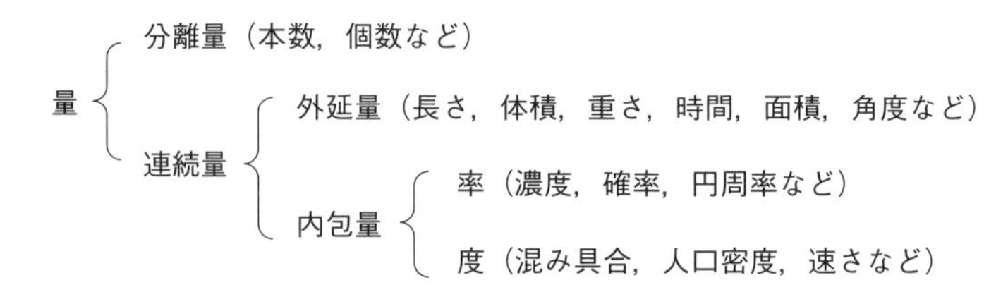

図４－１　量の分類

加法性
ある同種の２つの量があるとき，その２つの量を個別に測って合わせたものと，合わせてから測ったものが等しいとき，この量は加法性をもつという

図４－１において，分離量とは，自然数を用いて数えることができる量です。連続量とは，個体をなしておらず，数えられない量です。外延量には加法性があり，内包量には加法性がありません。ここで，加法性について，ある同種の２つの量があるとき，その２つの量を個別に測って合わせたものと，合わせてから測ったものが等しいとき，この量は，加法性をもつといいます。内包量のうち，率は同種の２量の商，度は異種の２量の商によって表されます。表４－２に示したように，測定領域で扱われる量は，子どもの身の回りの日常生活でよく用いられています。しかし，日常生活でよく用いられているからといって，子どもが各種の量の概念や考え方などを理解しているとはいえません。そこで，測定領域の指導においては，次の点に留意する必要があります。

第１は，測定概念を形成するためには直接比較→間接比較→任意単位を用いた測定→普遍単位といった順序で指導することが大切です。その際に具体物を用いて，子どもの主体的な数学的活動をとり入れることが大切です。また，課題の把握（捉える）→データの収集（集める）→データの分類・整理（まとめる）→データの解析（読み取る）→他の場面への適応（活かす）という系で指導することも有効です。

第２は，単位の換算です。例えば，第２学年でミリメートル（mm），センチメートル（cm），メートル（m）といった長さの単位を学習します。また，ミリリットル（mL），デシリットル（dL），リットル（Ｌ）といったかさ（体積）の単位を学習します。10mm＝１cm，100cm＝１m，100mL＝１dL，10dL＝１Ｌなどの単位の換算は，初めて学習する子どもにとって容易ではありません。そのため，例えば，図を用いて，「10倍の10倍は，100倍です」と指導する際に，子どもの中には，「10倍の10倍は，20倍です」と考えている子どもが少なからずいますので，このような子どもにとって，図自体が難しい学習内容となります。このような場合，実際に比べたり，測定したりする数学的活動を通して，量感覚を身に付けさせることです。例えば，手の大きさは何cmであるか，１mは，手の大きさが何個分であるかを体験させます。教室において，子どもがよく見えるところに，単位間の関係を示した表を掲示しておくことは有効です。また，50cm＋30cm＝80cmの場合は，理解しやすいのですが，単位の換算が必要な50cm＋80cm＝１m30cmであることを

理解しにくい子どもがいます。このような場合，50cm＋80cm＝130cm，130cm＝１m30cm，50cm＋80cm＝１m30cmというように段階を踏むことが重要です。

第３は，時刻と時間の学習です。長さ，かさ，重さの学習が直接比較→間接比較→任意単位を用いた測定→普遍単位を用いた測定というように行われるのに対して，時刻と時間の学習は，いきなり普遍単位を用いた測定から導入されます。また，長さ，かさ，重さの単位は，十進法の基に構成されており，子どもにとって比較的馴染みやすいのですが，時刻や時間の単位は，60秒＝１分，60分＝１時間，24時間＝１日という特殊な換算をしており，子どもにとって馴染みにくいことが挙げられます。そして，日常生活において，大人でさえも，時刻と時間の区別が曖昧な場合があります。また，授業中，子どもが使用する時計において，１時といっても，午前１時と午後１時，つまり，24時制による１時と13時が考えられます。さらに，日常生活において，１時45分の場合，２時15分前という表現もよく用いられており，24時制における12時を正午ということや，０時（起点）と24時（終点）が一致することなど，子どもを取り巻く時刻と時間に関する問題は，繰り返し指導していくことが必要です。

（廣瀬　隆司）

第2節　測定領域の指導実践

(1)　どちらが　ながい（第1学年）

1)　単元の指導計画（全5時間）

・「長い」や「長さ」という言葉が使用される場面に関する指導（1時間）
・直接比較の方法や間接比較の方法に気付かせる指導（1時間）
・長さに関する「深さ」「高さ」「幅」という言葉の理解と間接比較に関する指導（1時間）
・任意単位を用いた測定とその限界に関する指導（1時間）
・一辺が1cmの長さの方眼紙を用いた任意単位を用いた測定から普遍単位を用いた測定への橋渡しに関する指導（1時間）

2)　本時の目標

・長いや長さという言葉は，ものの長さを表す場合と時間の長さを表す場合があることを捉える。

3)　本時の展開（1／5）

①　準備物（学級の児童全員分を用意する。）
・児童名が記入できる「「ながい」ということばや「ながさ」ということばをつかって 文しょうを　つくろう。」というB5の記録用紙

②　課題の把握
・「ながい」ということばや「ながさ」ということばをつかって 文しょうをつくろう。

③　授業の概略

T：課題を音読させ，「ぞうさんの　はなは（　　）。」「（　　）　あいだでんしゃに　のっていた。」という文例を板書し，子どもの反応を見た。（子どもの反応は，C：どちらも「長い」であった。）そこで，ワークシート（記録用紙）を配布し，ワークシートには，名前と「長い・長さ」という言葉が使用される文章を1つ書くよう指示をした。
なお，ワークシートは，児童1名に対し，2枚用意し，早く書き終えた児童には，さらにもう1枚与えるようにした。

C：（10分の後）ワークシートを黒板に貼付し，分類・整理した。子ど

もの文例としては，例えば，次のようなものがあった。

・しんかんせんは　ながい。

・ながい　とんねるが　あった。

・ながい　あいだ　たっていた。

・ラーメンを　たべに　行って ながい　あいだ　まっていた。

・うんどうかいの　れんしゅうは ながいなあ　とおもった。

T・C：(子どもとのやりとりを通して)「ものの長さ」に関しては，「(あ)」，「時間の長さ」に関しては，「(い)」というように，分類・整理を行った。

T：分類・整理を行った後，「(あ)」については，「ものの　ながさ」「(い)」については，「じかん」というように命名した。さらに，次のような問題を配付し，解答させた。この際，「もののながさ」の場面と「じかん」の場面を弁別に関する個別指導を行った。

○　つぎの　文しょうを　よんで，（　　）の　なかに，
「ものの　ながさ」のときには　○を
「じかん」のときには　×を　かきなさい。

1．（　　　）２本の　えんぴつの　ながさを　くらべた。

2．（　　　）おんがっかいかいの　れんしゅうは ながいなあ　とおもった。

3．（　　　）らいおんの　しっぽは　ながい。

4．（　　　）いすに　ながい　あいだ　すわっていた。

5．（　　　）すなばの　たてと　よこの　ながさを　はかった。

6．（　　　）なつやすみは，　ながかった。

4）　指導のポイント

・言葉を使用する際，その言葉が使用される場面を理解しておくことが重要です。「長い・短い」，「長さ」という言葉も，使用される場面が空間（ものの長さ）なのか時間（時間の長さ）なのかによって，意味が異なってきます。したがって，これらの弁別をさせることは，意義があると考えられます。

⑵　重さ（第３学年）

1)　単元の指導計画（全10時間）

・物質量の保存に関する指導（１時間）

・ストローバランス実験によるどのようなものにも重さ（重量）があるという指導（１時間）

・直接比較→間接比較→任意単位を用いた測定→普遍単位を用いた測定に関する指導（２時間）

・いろいろな計器を用いて，ものの重さ（重量）を測定する指導（１時間）

・重さ（重量）の計算に関する指導（１時間）

・重さの保存に関する指導（４時間）

2)　本時の目標

・どのようなものにも重さがあることを捉える。

3)　本時の展開（２／10）

①　準備物（６つの班に対して，それぞれ６組用意する。）

工作用ねんど，直径１mmの針金6m，プラスチックでできたミニカー，サランラップ50m（芯を抜いたもの），ティッシュペーパー10枚，先生の髪の毛６本（各班に１本），上皿天秤，ストローバランス（各班に１つ），直角二等辺三角形の三角定規２つ

②　課題の把握

・どのようなものにも重さがあるか調べてみよう

③　予想

・工作用ねんど：重さがある（34名），重さがない（０名）

・直径１mmの針金６m：重さがある（34名），重さがない（０名）

・プラスチックでできたミニカー：重さがある（34名），重さがない（０名）・サランラップ50m：重さがある（34名），重さがない（０名）

・ティッシュペーパー10枚：重さがある（27名），重さがない（７名）

・先生の髪の毛６本：重さがある（18名），重さがない（17名）

④　理由

・工作用ねんど，直径１mmの針金６m，プラスチックでできたミニカー，サランラップ50m，ティッシュペーパー10枚：手で持ったら分かる。

・ティッシュペーパー 10 枚：軽すぎて，重さがないように思う。
・先生の髪の毛１本：軽すぎるけれど，重さがあると思う。ものすごく軽いので，重さがないと思う。

⑤　実験と討議の概略

Ｔ：今から，各班で実験をしますが，各班の机に置いてあるもの全てについて，一人ひとり実験をします。それでは，実験を始めましょう。

Ｃ：（どの班でも，工作用ねんど，直径１mm の針金６m，プラスチックでできたミニカー，サランラップ 50m については）手で持ったら，重さがあることがすぐにわかった。（その後，７分ほどして）

Ｃ１：初めから分かっていいたことだけど，先生の髪の毛は，手にのせても，重さがあるかわかりません。

Ｃ２：教科書のように，天秤があったら，ティッシュペーパーも先生の髪の毛も重さがあることがすぐにわかると思います。

Ｔ：上皿天秤を使って，ティッシュペーパーの小さな切れ端も調べるように指示をする。

Ｃ３：先生の髪の毛やティッシュペーパーの小さな切れ端を上皿天秤にのせても傾きません。重さがなくなりました。

Ｔ：（髪の毛とティッシュペーパを空中に舞い上げて）どちらもふわふわ飛ぶしね，重さがないのかな？　そう思うと思って，ストローバランスを用意しました。（ストローバランスを直角二等辺三角形の定規の穴にセットして）これを使って，確かめてごらん。

Ｃ：のせるのが難しかってけれど，傾きました。

Ｔ：どのようなものにも重さがあるのだね。ところで，どのようなものも手から離れるとどのようになりますか？

Ｃ４：下に落ちる。

Ｔ：そう。目には見えないけれど，重さは，地球の中心に向かって働く力の大きさのことです。

5）　指導のポイント

・どのような物質でも重さがあり，比較可能であることを十分に理解させることが大切です。

（廣瀬　隆司）

第5章

変化と関係

この章では，学習指導要領における「C　変化と関係」の領域について，目標，指導内容と系統，今日的課題を明らかにします。

第1節　変化と関係領域の目標，内容，課題

(1)　変化と関係領域の目標

関数の考え
2つの量の依存関係に着目し，その関係を捉える

算数科の内容の事項に，「身の回りの事象の変化における数量間の関係を把握してそれを問題解決に生かす」という記述があります。関数の考えに基づいた問題解決過程においては，次の2点が特に重要になります。

・2つの数量や事象の間の依存関係を明らかにし，伴って変わる2つの数量を見出すこと
・伴って変わる2つの数量の間の変化や対応の特徴を明らかにし，規則性等の関係を見出すこと

変化と関係領域は，関数の考えに基づき，伴って変わる2つの数量への着目及び変化や対応への着目という数学的な見方・考え方を働かせ，問題解決する資質・能力を育成するために，第4学年以上に新設された領域です。変化と関係領域では，次の3つをねらいとしています。

① 伴って変わる2つの数量の関係について理解し，変化や対応の様子を表や式，グラフに表したり読んだりするとともに，2つの数量の関係を比べる場合について割合や比の意味や表し方を理解し，これらを求めたりすること【知識及び技能】
② 伴って変わる2つの数量の関係に着目し，表や式を用いて変化や対応の特徴を考察するとともに，2つの数量の関係に着目し，図や式などを用いてある2つの数量の関係と別の数量の関係の比べ方を考察し，日常生活に生かすこと【思考力，判断力，表現力等】
③ 考察の方法や結果を振り返って，よりよい解決に向けて工夫・改善をするとともに，数理的な処理のよさに気付き，数量の関係の特徴を

生活や学習に活用しようとする態度を身に付けること【学びに向かう力，人間性等】

また，各学年の「思考力・判断力・表現力等」に関する目標のうち，変化と関係領域に対応する目標をまとめると，表５－１の通りです。各学年の目標には，２つの数量の関係の考察における表・式・グラフという表現を用いた数学的活動による学習の重要性が示されています。

表５－１　変化と関係領域の学年別目標

学年	目標
４・５（共通）	伴って変わる二つの数量やそれらの関係に着目し，変化や対応の特徴を見いだして，二つの数量の関係を表や式を用いて考察する力を養う。
６	伴って変わる二つの数量やそれらの関係に着目し，変化や対応の特徴を見いだして，二つの数量の関係を表や式，グラフを用いて考察する力を養う。

関数の考えは，変化と関係領域だけでなく，他の領域の内容を理解したり活用したりする際にも用いられる汎用性を有しています。例えば，図形領域の内容である直径と円周の関係においては，関数の考えを用いることにより，円周を直接測定することが困難な大きな円の円周についても，比例関係にある直径を通してアプローチすることが可能となります。また，変化と関係領域において育成する資質・能力は，異なる領域間で相互に関連し合っています。例えば，数と計算領域の内容である小数の乗法・除法の内容の理解は，変化と関係領域の内容である割合や単位量当たりの大きさの理解の素地となっています。したがって，各領域間の関連を図った指導により，変化と関係領域の目標に迫ることが大切です。

⑵　変化と関係領域の指導内容と系統

変化と関係領域で働かせる数学的な見方・考え方に着目すると，この領域の指導内容は，次の３つになります。

①　伴って変わる２つの数量の変化や対応の特徴を考察すること

②　ある２つの数量の関係と別の２つの数量の関係を比べること

③　２つの数量の関係の考察を日常生活に生かすこと

これら3つの観点のうち，①と②の観点について，各学年の内容をまとめると，表5－2の通りです。

表5－2　変化と関係領域の学年別内容

学年	①伴って変わる二つの数量の変化や対応の特徴を考察すること	②ある二つの数量の関係と別の二つの数量の関係を比べること
4	・表や式，折れ線グラフ	・簡単な割合
5	・簡単な場合についての比例の関係	・単位量当たりの大きさ ・割合，百分率
6	・比例の関係 ・比例の関係を用いた問題解決の方法 ・反比例の関係	・比

関数の考えに関連して，第4学年では，伴って変わる2つの数量を見いだし，それらの関係に着目すること，表や式，折れ線グラフを用いて変化や対応の特徴を読み取ることを指導します。また，加法，減法，乗法，除法のいずれか1つの演算が用いられる具体的な場面において，変化の特徴や和が一定，差が一定などの対応の特徴を適用し，問題を解決することについても指導します。第5学年では，簡単な場合について，比例の関係に着目すること，一方が2倍，3倍，……になると，他方も2倍，3倍，……になる変化の特徴や，□＝2×△，□＝3×△＋1などの式で表される対応の特徴を見いだすことを指導します。また，簡単な場合についての比例の関係や加法と乗法など2つの演算が必要な場面において，変化や対応の特徴を適用し，問題を解決することについても指導します。第6学年では，考察の対象を日常の事象における伴って変わる2つの数量の関係にまで広げ，比例の関係の意味や性質，比例の理解を深めるための反比例の関係について指導します。また，比例の関係にあると見ることにより，問題を解決することについても指導します。

割合と単位量あたりの大きさに関する内容は，それぞれ同種の2つの量の割合と異種の2つの量の割合に対応します。また，これらの内容には，2つの数量の関係を捉えることと，ある2つの数量の関係と別の2つの数量の関係という2組の数量の関係を比べることが含まれています。

２組の数量の関係を比べる方法は，大きく分けて，差で見て比べる場合と割合で見て比べる場合があります。割合で見るとは，「２つの数量を，個々の数量ではなく，数量の間の乗法的な関係で見ていく」ことです。

基準量
もとにする量

比較量
比べる量

第４学年では，同種の２つの量の簡単な割合として，「基準量を１と見たときに，比較量が，基準量に対する割合として２，３，４などの整数で表される場合」について扱い，割合を用いて，数量の関係どうしを比べることを指導します。また，割合の大小から判断したり，割合を用いて計算した結果から問題を解決したりすることも指導します。第５学年では，同種の２つの量の割合が小数で表される場合や百分率を用いた割合の表し方，異種の２つの量の割合として捉えられる数量の関係について扱います。この異種の２つの量の割合として捉えられる数量の関係の１つとして，速さの内容が第６学年から第５学年に移行されました。また，同種の２つの量の割合に関して，割合，比較量，基準量の関係を読み取り，数量の関係どうしを比べること，異種の２つの量の割合に関して，目的に応じて，一方の量の大きさを揃えて他方の量で比べることを指導します。また，全体と部分，あるいは，部分と部分の割合や単位量当たりの大きさから判断をしたり，割合や単位量当たりの大きさを用いて計算した結果から問題を解決したりすることも指導します。第６学年では，２つの数量の関係を，どちらか一方を基準にすることなく，簡単な整数の組として表現する比の意味や表し方，比の値や比の相等，等しい比の作り方について指導します。また，部分と部分の関係や数量の配分を比で表現したり，等しい比をつくったりすることにより，考察した結果を活用して判断したり，問題を解決したりすることも指導します。

(3)　変化と関係領域の今日的課題

これまでに実施された全国学力・学習状況調査報告書（小学校）において，変化と関係領域に関する課題として，概ね，次のことが指摘されています。

- 基準量，比較量，割合の関係を正しく捉えること
- 割合や単位量当たりの大きさを用いて，合理的に判断したり，計算した結果から問題を解決したりすること

・数量の変化や対応の様子を捉え，そこから規則性を見いだすこと

児童は，大きい数量を小さい数量で割る傾向があります。問題場面における基準量と比較量を特定し，基準量，比較量，割合の関係を正しく捉えることができるようになるためには，図５－１のような数直線図を用いて，１と基準量，割合と比較量の対応を捉え，前提とする比例関係に基づいて式を立てたり，式の意味を，数直線図をもとに説明したりするなど，言葉，図，数，式を用いた主体的・対話的な学びを充実させる指導が重要です。また，割合や単位量当たりの大きさの難しさの原因として，基準が変わると，割合や単位量当たりの大きさが変わることが指摘されています。したがって，どちらを基準とするのかという双方向の見方に基づいた指導も必要です。

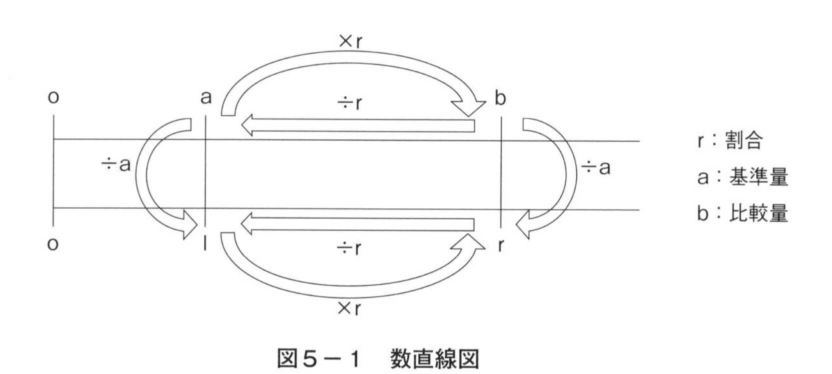

図５－１　数直線図

２組の数量の関係を比べる場合，児童は，割合で見て比べるよりも差で見て比べる傾向があります。割合や単位量当たりの大きさを用いて，合理的に判断したり，計算した結果から問題を解決したりすることができるようになるためには，どのような場面に対して，差で見ることに意味があるのか，また，どのような場面に対して，割合や単位量当たりの大きさで見ることが有効なのかについて，学習の振り返りを充実させる必要があります。また，割合と単位量当たりの大きさは，同種の２つの数量と異種の２つの数量という違いはありますが，どちらも図５－１のような数直線図に表すことができ，同じ構造として捉えることができます。つまり，速さを比べる場合のように，異種の２つの数量の関係どうしを比べる場合も，割合で見て比べており，２つの数量の間の比例関係

を前提としています。さらに，割合や比では，個々の数量そのものではなく，比例関係にある異なる数量の組を，全て同じ関係として見ています。このように，同種の２つの数量の割合と異種の２つの数量の割合，あるいは，割合と比を統合的・発展的に考察する深い学びにつながる指導も重要です。

割合や比の学習は，比例関係を前提としており，関数の考えに基づき，数量の変化や対応の様子を捉え，そこから規則性を見いだすことができる必要があります。伴って変わる２つの数量の関係を表にかくことにより，何と何が関係しているのかという２つの数量を把握するとともに，表から変化や対応の特徴を読み取って式に表したり，表，式，グラフを関連付けて説明したりする主体的・対話的な学びを充実させる指導が求められます。また，規則性を見いだすことにおける変化や対応に着目するよさや，問題解決における比例関係にあると見ることのよさといった数学的な見方・考え方のよさを振り返り，よりよく問題解決しようとする態度を育む指導も大切になります。

（坂井　武司）

第2節　変化と関係領域の指導実践

(1)　変わり方（第４学年）

1)　単元名　変わり方（第４学年）

2)　単元の指導計画（全６時間）

第１時：和一定の関係にある２つの数量について表に表す
第２時：和一定の関係を見出し，式やグラフに表す
第３時：表から関係を見出し，式に表す（商一定の関係）
第４時：式をもとに表やグラフに表し，関係を見出す（商一定の関係）
第５時：表や場面から変わり方や対応のきまりを見出し，式に表す
第６時：単元のまとめ及び演習問題

3)　本時の目標（第５時）

①　表を使って変わり方のきまりや対応のきまりを見いだすことができる。

②　そのきまりを△や○を用いて式に表すことができる。

4)　本時の展開

学習活動	指導上の留意点
１．課題から数量の関係を捉える。 ・テーブルが増えると，座る人数が増える。 次のようにテーブルをならべて，まわりに人がすわります。テーブルを30個ならべた時，何人がすわれますか。 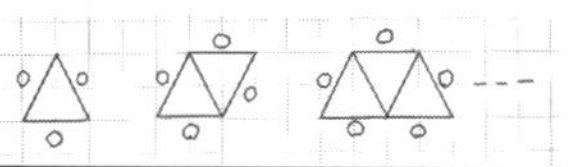	○テーブルの数と座る人数という伴って変わる２つの数量を意識させるため，テーブルの図を１つずつ黒板に貼るようにする。
・30個もテーブルを書くのは大変。 ２．図や表，式からきまりを見つける。 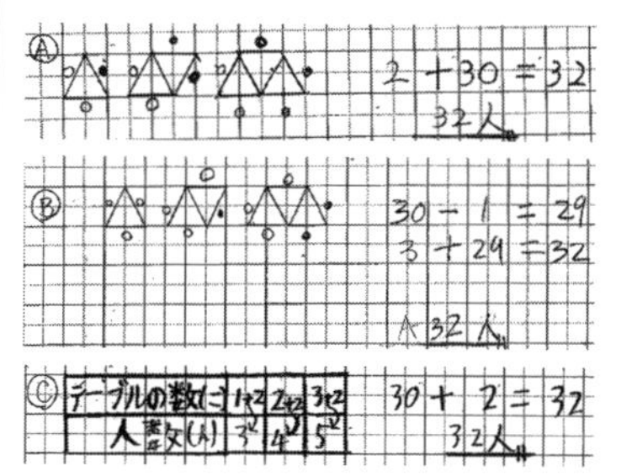	○きまりを見つけるのに苦労している児童には，図や表で変わっている部分に色を塗るなどして着目させるよう指導する。 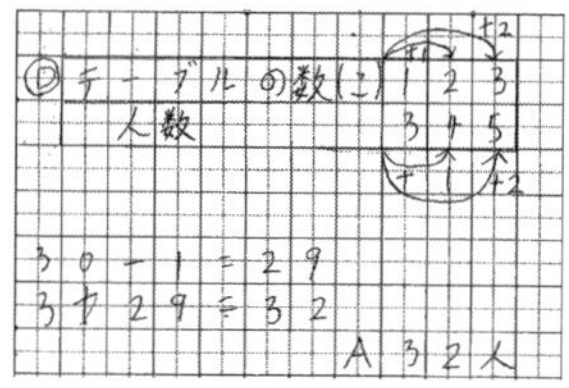

3．考えたことを発表する。 ・AとC，BとDの式が同じ式だ。 ・Cの＋2は，Aの白の○の数。 ・Dの足す数は，Bの黒の●の数。 ・BとDの式は「人数＝1つ目の人数＋増えたテーブルの数」になる。 ・テーブルの数を○，人数を△とすると，○＋2＝△になる。	○図と表を相互に関連付けられるよう，図や表から見つけたきまりをもとに説明するよう助言する。 ○言葉や数の式から，既習の○や△を用いて一般化することで，どの式も同じものであることに気付かせる。
4．適用題を解き，本時のまとめをする。 [振り返り例] ・表や図にかくと，どのように変わっていくかわかるので，きまりを見つけて式にしたら，大きな数の場合も考えることができて便利。	○適用題では表から式をつくるよう指示し，表のよさを実感できるようにする。 ○どのように式を作ったかを問うことで，振り返りを「きまり」を見つけることに焦点化できるようにする。

5） 指導のポイント

2つの数量の変化や対応のきまりに児童が見通しを持って主体的に取り組めるよう，図で表された場面をもとに表をかいたり，いくつかの場面について実際に図を描いたりする活動が大切です。自力解決場面では，様々な解き方で，様々なきまりが見つけられます。そこで，対話的な学びを生むために，自分の考え方を「図」「表」「言葉の式」「数の式」等の様々な方法と関連付けて説明し合う活動が大切になります。図や表といった異なる表現を用いた考え方や，図という同じ表現であっても異なる考え方の間のつながりを見つけていくような指導により，児童は深い学びを実現できるようになります。本時では，全体交流の場面で，表や図をもとに式を作り，それらが同じ式に統合されることを確認しています。次時以降ではその中でも，とりわけ対応に着目することで簡単に式がつくれることを実感させ，関数の考え方につなげることも大切です。また，本時では図で表すには手間のかかる机が30個の場面を問題として設定しています。このように，表や式を用いて変化や対応を捉えるといった数学的な見方・考え方のよさに気付きやすく，よりよく問題解決しようとする態度を育むための問題場面の工夫も重要です。

⑵　速さ（第５学年）

1）　単元名　速さ（第５学年）

2）　単元の指導計画（全７時間）

第１時：距離・時間の一方をそろえてどちらが速いかを比較する
第２時：速さの定義を理解し速さ（秒速・分速・時速）を計算で求める
第３時：速さと時間から道のりを求める
第４時：道のりと速さから時間を求める
第５時：秒速・分速・時速の変換をする
第６時：学んだことを活用する
第７時：単元のまとめ及び演習問題

3）　本時の目標（第１時）

距離・時間の一方をそろえてどちらが速いかを比較することができる。

4）　本時の展開

<table>
<tr><th>学習活動</th><th>指導上の留意点</th></tr>
<tr><td>１．問題場面から本時の課題をつかむ。

３人が家から図書館まで自転車で走りました。だれがいちばん速く走ったでしょうか。

<table>
<tr><th></th><th>時間（分）</th><th>きょり（m）</th></tr>
<tr><td>A</td><td>5</td><td>９００</td></tr>
<tr><td>B</td><td>5</td><td>１０００</td></tr>
<tr><td>C</td><td>4</td><td>９００</td></tr>
</table></td><td>○ 50m 走（距離一定）や，時間走（時間一定）といった，児童に親しみのある場面を取り上げ，比較方法を考えやすくする。</td></tr>
<tr><td>・AとCは，同じ道のりなのに，Cの方が時間がかかっていないから，Cのほうが速い。
・AとBは，Bの方が距離が長いのにかかった時間が同じだから，Bの方が速い。
・BとCは距離も時間も違うから比べられない。</td><td>○BとCは他の組み合わせと違い，距離も時間も異なるため比べられないという本時の課題を確認し，問題解決の見通しをもたせる。</td></tr>
</table>

2．BとCのどちらが早いかを，時間か道のりをそろえて考える。	○そろえ方がわからない児童には，「もし10分だったらどれだけ進んだか」と比例関係に着目できるよう指導する。
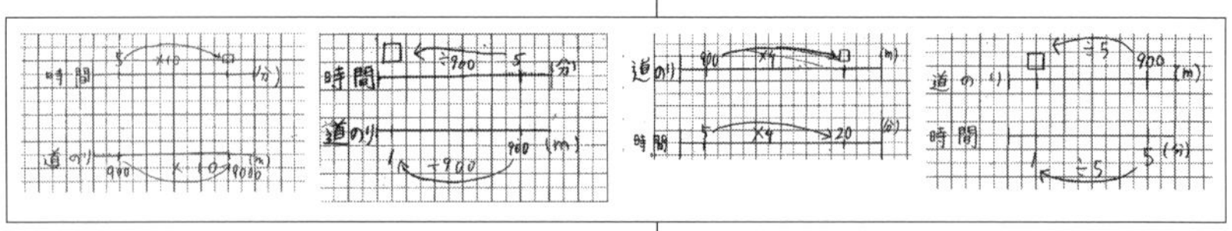	
3．考えたことを発表する。 ・時間と距離に同じ数だけかけたり，同じ数で割ったりしてそろえた。 4．適用題を解き，本時のまとめをする。 [適用題例] 18分間で27km走った車と，25分間で35km走った車では，どちらが速く走ったでしょうか。	○2本数直線図から何を基準にして考えたのか明らかにし，説明するよう指導する。 ○単位量にそろえるよさを実感できる適用題を設定する。

5） 指導のポイント

導入場面において，差で考えることのできる場面と，距離も時間も異なる場面との違いを意識させることで，距離か時間が同じであれば比較することができるという，問題解決への見通しをもたせています。また，対話的な学びを生むために，交流場面では，図と式を関連付けながら「何を基準にして比べたか」を明らかにし，説明する活動が大切になります。しかし，児童は必ずしも「１分あたり」「１ｍあたり」といった単位量を基準とするとは限りません。特に本時では，時間が１桁の整数で表されており，公倍数が容易に見つけられるため，単位量で比較する必然性が十分ではありません。そこで，本時の交流場面では，「距離か時間が同じであれば，他方の量によって比較することができる」という考え方に統合しています。その上で適用題において，単位量で考えることのよさに気付くことができるように，時間の公倍数を見つけることが容易ではない問題場面を扱うことが重要です。

（赤井　秀行）

第６章

データの活用

この章では，学習指導要領における「D データの活用」の領域について，目標，指導内容と系統，今日的課題を明らかにします。

第１節　データの活用領域の目標，内容，課題

(1) データの活用領域の目標

データ
事象を文字や符号，数値等のまとまりで表現したもの

データの活用領域の目標は，次の３つに整理することができます。

① 目的に応じてデータを集めて分類整理し，適切なグラフに表したり，代表値などを求めたりするとともに，統計的な問題解決の方法について知ること。

② データのもつ特徴や傾向を把握し，問題に対して自分なりの結論を出したり，その結論の妥当性について批判的に考察したりすること。

③ 統計的な問題解決のよさに気付き，データやその分析結果を生活や学習に活用しようとする態度を身に付けること。

データの活用領域に対応する各学年の目標を『小学校学習指導要領解説算数編』から抜粋してまとめると，表６－１のようになります。

表６－１　データの活用領域における学年別目標

学年	目　標
1	データの個数に着目して身の回りの事象の特徴を捉える力などを養う。
2	身の回りの事象をデータの特徴に着目して捉え，簡潔に表現したり考察したりする力などを養う。
3	身の回りの事象をデータの特徴に着目して捉え，簡潔に表現したり適切に判断したりする力などを養う。
4・5	目的に応じてデータを収集し，データの特徴や傾向に着目して表やグラフに的確に表現し，それらを用いて問題解決したり，解決の過程や結果を多面的に捉え考察したりする力などを養う。

6	身の回りの事象から設定した問題について，目的に応じてデータを収集し，データの特徴や傾向に着目して適切な手法を選択して分析を行い，それらを用いて問題解決したり，解決の過程や結果を批判的に考察したりする力などを養う。

(2) データの活用領域の指導内容と系統

データの活用領域で用いられる数学的な見方・考え方に着目すると，指導内容は次のａ，ｂの観点でまとめることができます。

ａ．目的に応じてデータを収集，分類整理し，結果を適切に表現すること。

ｂ．統計データの特徴を読み取り判断すること。

各学年において，これらの観点に対応した内容と扱う表やグラフなどをまとめると，表６－２のようになります。

表６－２　観点ａ，ｂから見た学年別指導内容

学年	観点ａ，ｂに対応した内容	扱う表やグラフなど
1	ａ．データの個数への着目 ｂ．身の回りの事象の特徴についての把握	・絵や図
2	ａ．データを整理する観点への着目 ｂ．身の回りの事象についての考察	・簡単な表 ・簡単なグラフ
3	ａ．日時の観点や場所の観点などからデータを分析整理，見いだしたことを表現 ｂ．身の回りの事象についての考察	・表 ・棒グラフ
4	ａ．目的に応じたデータの収集と分類整理，適切なグラフの選択 ｂ．結論についての考察	・二次元の表 ・折れ線グラフ
5	ａ．統計的な問題解決の方法 ｂ．結論についての多面的な考察	・円グラフや帯グラフ ・測定値の平均
6	ａ．統計的な問題解決の方法 ｂ．結論の妥当性についての批判的な考察	・代表値（平均値・中央値・最頻値） ・ドットプロット ・度数分布を表す表やグラフ ・起こり得る場合の数

妥当性
測るべき対象を実情に沿って的確に測ることができているかどうかの程度

この領域で扱うデータの種類をまとめると，表６－３のようになります。

表6－3　データの種類

質的データ	性別や血液型など文字情報として得られるデータ
量的データ	身長の記録のように数値情報として得られるデータ

データの種類によって分類整理の仕方や用いるグラフなどが異なってくるため，その点に留意した指導が必要になります。また，データの表現の仕方という観点から，横断面データ（同一の時点において得られるデータ）と時系列データ（時間的変化に沿って得られるデータ）という捉え方もでき，それぞれ棒グラフと折れ線グラフが対応しています。データの種類と扱いを学年別にまとめると，表6－4のようになります。

表6－4　学年別のデータの種類と扱い

学年	データの種類と扱い
1･2	質的データの個数を集計
3	質的データを表やグラフに，量的データをグラフに表す
4	時系列データも含め，目的に応じた分類整理やグラフの表し方
5	質的データや量的データに対して割合の観点から分析
6	量的データに対して分布の中心やばらつきの様子を分析

目的に応じて収集されたデータも，そのまま羅列されているだけの状態では特徴や傾向を把握することが困難です。収集されたデータは，表に整理され，グラフ化されることよって，その特徴や傾向を視覚的に捉えることができ，より深い分析が可能になります。表とグラフに関して指導する内容をまとめると，表6－5のようになります。

表6－5　各学年における表とグラフの指導内容

学年	表とグラフの指導内容
1	[グラフ] 一つ一つのデータを抽象的な絵で表し，それらを整理し揃えて並べることで数の大小を比較する簡単なグラフに表したり，読み取ったりすること。
2	[表] 身の回りにあることがらに関する質的データを集計して表に表したり，読み取ったりすること。 [グラフ] データを○や□などに抽象化して並べる簡単なグラフに表したり，読み取ったりすること。

3	[表] 観点を定めてデータを分類整理し，簡単な二次元の表にまとめたり，表を読み取ったりすること。 [グラフ] 質的データの個数か，あるいは量的データの大きさに相当する長さの棒の長さで違いを示す棒グラフに表したり，読み取ったりすること。
4	[表] 二つの観点からデータを分類整理し，二次元の表に表したり，読み取ったりすること。 [グラフ] 時系列データの変化の様子を示す折れ線グラフに表したり，読み取ったりすること。
5	[グラフ] データの割合を示す円グラフや帯グラフに表したり，読み取ったりすること。
6	[表] 量的データに対して度数分布表に表したり，読み取ったりすること。 [グラフ] 量的データの分布の様子を示す柱状グラフに表したり，読み取ったりすること。

データの活用領域の指導内容は，表6－2，表6－4，表6－5に見られるように系統的に構成されていますが，これらの指導内容は統計的探究プロセス（PPDAC サイクル）と関連付けて捉えることができます。統計的探究プロセスとは，「問題－計画－データ－分析－結論」の5つの段階からなるもので，その内容を『小学校学習指導要領解説算数編』から抜粋してまとめると，表6－6のようになります。

表6－6　統計的探究プロセス（PPDAC サイクル）

P 問題 (Problem)	・問題の把握　・問題設定
P 計画 (Plan)	・データの想定　・収集計画
D データ (Data)	・データ収集　・表への整理
A 分析 (Analysis)	・グラフの作成　・特徴や傾向の把握
C 結論 (Conclusion)	・結論付け　・振り返り

この統計的探究プロセスの観点から指導内容を捉えると，低学年の学習においては「Dデータ」「A分析」を中心に，子どもにとって身近な題材に注目して関係するデータを整理しながらデータの特徴を捉えることを行い，中学年の学習から「P問題」「P計画」を加えていき，身近な題材から問題を設定する活動やその問題に対して集めるべきデータとその集め方などについても徐々に扱っていくことになります。高学年では一連の統計的探究プロセスを意識し，自分たちで問題を設定して調査

計画を立てることや，分析を通じて判断した結論についても別の観点から妥当性を検討できるようにしていきます。

(3) データの活用領域の今日的課題

この領域では，子ども達の学習意欲を喚起するデータをどのように見いだすかが重要になります。しかし，教える側にデータ活用の経験が乏しいと，子どものやる気を引き出すデータをうまく見いだすことができません。教える側が実際にデータを活用しているか，統計的探究プロセスを自分のものとしているかが問われており，まさにそれが今日的課題の１つであるといえます。そこで，ここでは教える側の関心事の例として「教員採用試験における教員採用人数の動向」に着目して，統計的探究プロセスを模擬的に体験してみましょう。

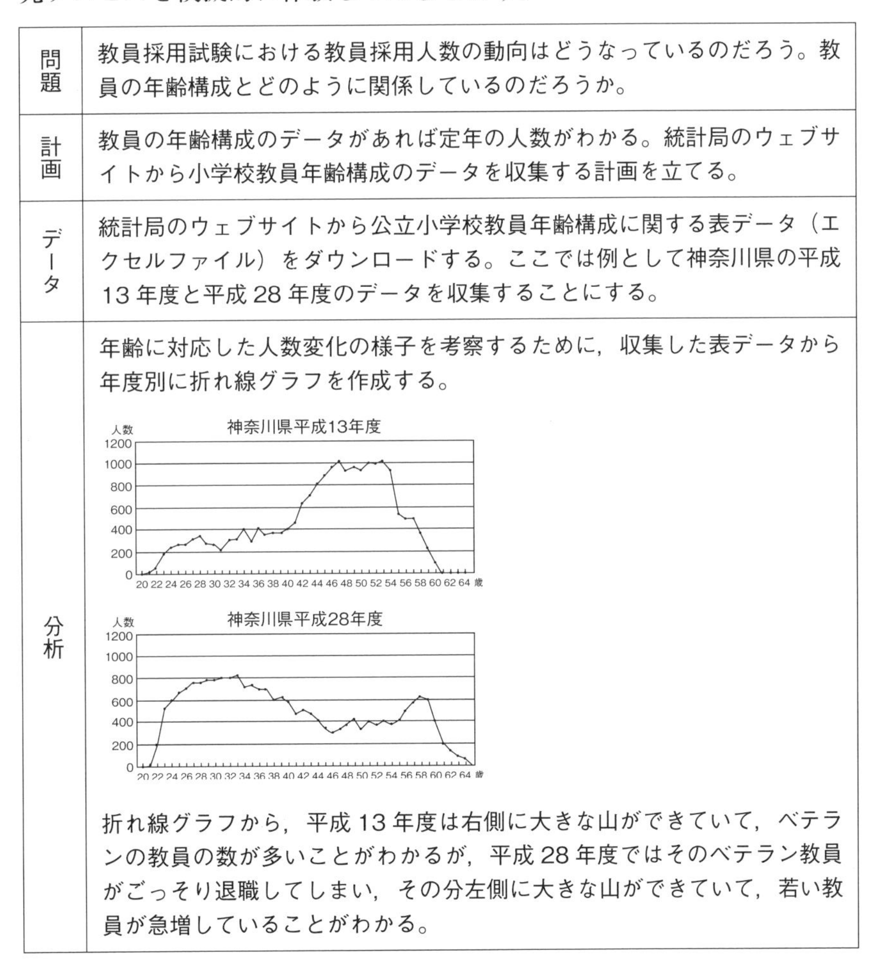

問題	教員採用試験における教員採用人数の動向はどうなっているのだろう。教員の年齢構成とどのように関係しているのだろうか。
計画	教員の年齢構成のデータがあれば定年の人数がわかる。統計局のウェブサイトから小学校教員年齢構成のデータを収集する計画を立てる。
データ	統計局のウェブサイトから公立小学校教員年齢構成に関する表データ（エクセルファイル）をダウンロードする。ここでは例として神奈川県の平成13年度と平成28年度のデータを収集することにする。
分析	年齢に対応した人数変化の様子を考察するために，収集した表データから年度別に折れ線グラフを作成する。 （神奈川県平成13年度・神奈川県平成28年度の折れ線グラフ） 折れ線グラフから，平成13年度は右側に大きな山ができていて，ベテランの教員の数が多いことがわかるが，平成28年度ではそのベテラン教員がごっそり退職してしまい，その分左側に大きな山ができていて，若い教員が急増していることがわかる。

結論	・ここ十数年は教員採用試験において，それまでより多くの人数を採用していたことがわかり，また定年の人数から考察すると，数年後には今よりさらに教員採用人数が減ると予想される。 ・新任教員の面倒をみるベテラン教員が激減したことによって，その対応策として新任教員に対する研修制度の充実を早急に図らなければならなかったことが理解できる。 ・こうしたデータが，教員の採用計画などに大きく影響していることが予想される。

この例における分析の観点は，年度別に着目して同じ県のデータを比較する見方（時系列分析）でしたが，他にも同じ年度における異なる県のデータに着目して比較する見方（横断面分析）などがあります。様々な観点によるデータ収集や考察ができるようにしておくことも大切です。また，興味・関心のあるデータを分析していくと，そこから別の疑問が生じ，さらに調べてみようという探究心が湧いてきます。上記の場合であれば，例えば「もっと以前における教員年齢構成はどうなっているのだろうか」「平成13年度の折れ線グラフにおいてベテラン教員の大きな山ができているのはなぜだろうか」というような疑問です。次から次へと湧き起こる疑問を，データを活用しながら解明していったという経験を教員がしていれば，統計的に問題を解決していくことのよさを子ども達により深く伝えていくことができます。興味・関心のあるデータを見いだし，その分析から得られた知見を積極的に活用しようとする子どもを育成していきたいものです。

いろいろな情報やデータが氾濫する現代社会においては，子ども達が様々なグラフを目にする機会も増えていますが，中には本来の特徴や傾向とは異なる印象をもたせようと作為的につくられたグラフもあります。グラフを注意深く読み取り，そのグラフの妥当性について批判的に考察する力を子ども達につけることも，今日的課題であるといえます。

（中込　雄治）

第2節　データの活用領域の指導実践

(1) 絵グラフ（第1学年）

第1学年における絵を用いた数量の表現に関する実践を紹介します。

1)　本時の目標

個数を絵や図などで表したり，絵グラフを正しく読み取ったりすることができる。

2)　本時の展開

①児童のつまずきを見据えて

子ども達は，おはじきやブロックを使って数を比べる学習はしてきているので，ばらばらに提示してあるものから仲間を集めて並べて比べることはできます。しかし，これまでは同じ大きさのブロックやおはじきによる比べる活動であったため，大きさが違うものを比べるとなった際に，きちんと個数を揃えて並べるという認識はなく，単に並べた長さが長いものが数の多いものと認識してしまう子どもが出てくるのではないかと考えられます。本時では，これまで学習で使用してきた絵カードの中からあえて大きさの違う絵カードを使用し，つまずきが見られると考えられる所を見据えて，絵グラフを正しく読み取ることができるようにすることをねらいとしました。

②子ども達の話し合い活動から

黒板にパンダ，りんご，うさぎ，車をばらばらに貼ります（図6－1）。子どもに「どれが一番多いか」と聞くと，「ばらばらでわかりづらい」「うさぎ？」「どれも同じ」などの意見が出されました。そこで「数えやすくするにはどうすればいいか」と聞くと，「同じ仲間に分ける」「仲間に分けて横に並べる」「縦に並べる」などの意見が出され，今回は横に並べることにし，子どもが実際に黒板の絵カードを並べていきました（図6－2）。並べた絵に対して，「多いのはパンダだ」「えっ，ちがうよ」「パンダは少ないよ」などの意見が交

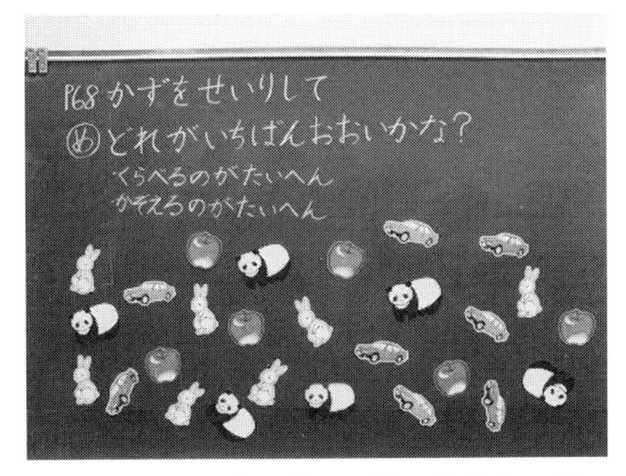

図6－1　ばらばらに貼った絵カード

わされ，「数えてみよう」との声があがり，皆で数を数えるといちばん多いのは意外にもうさぎであることがわかりました。そして，この並べ方だと，並べた全体の長さが長いからといって数が多いということにはならないことを，子ども達全員で確認することができました。

さらに「どのように並べて比べればいいのか」と聞くと，「縦を揃えて手をつなぐように線で結ぶ」という意見と，「マス黒板を使って１つのマスに絵カードを並べる」という意見が出てきたので，それぞれを検討してみることにしました（図６－３，図６－４）。

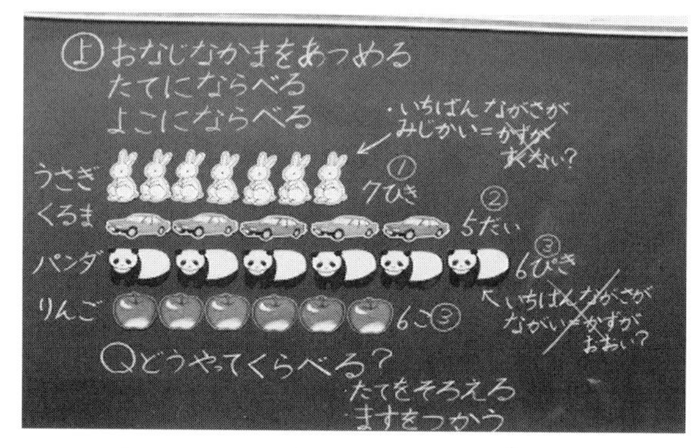

図６－２　子どもが並べた絵カード

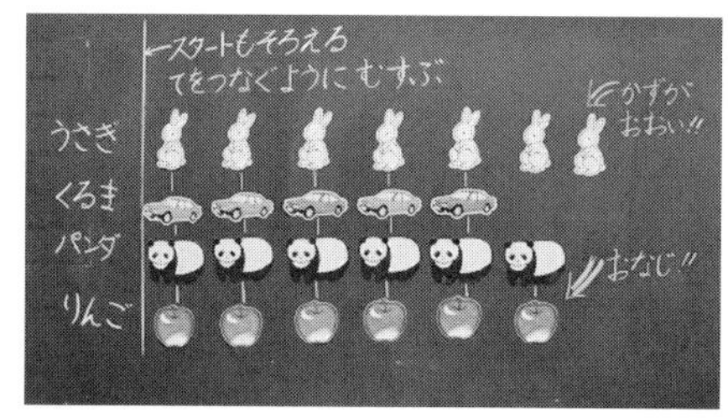

図６－３　縦をそろえて並べた絵カード

図６－４　マス黒板で並べた絵カード

子ども達の話し合い活動から，「このように縦を揃えてきちんと並べると，長さが長いのが一番数が多いということになる」ということも，全員で確認することができました。その後の練習問題でも，教科書の絵グラフから「ちゃんと横が揃っている」「色を塗るときはスタートを揃える」「数が比べやすい」「どれがいちばん多いかすぐにわかる」など，絵グラフのよさに対する意見が出されました。

3)　指導のポイント

絵グラフを正しく読み取るためには，並べる際に均等に配置することが必要であり，そうした理解を深めることにつながる「手をつなぐように線で結ぶ」（図６－３）のような子どもの発言を活かすことが大切です。

（狩野　佳奈）

(2) 折れ線グラフ（第４学年）

ここでは第４学年のデータの活用領域における実践事例を紹介します。

1） 本時の目標

子どもが興味・関心を持つデータを二次元表や折れ線グラフに表し，データの特徴や傾向を読み取ることができるようにする。

2） 本時の展開

① 子ども達の興味・関心

子ども達が力を入れていることを調査したところ，「習い事」という回答が最も多かったので，習い事を題材としてデータの特徴や傾向を読み取る授業を実践することにしました。まず，現在どんな習い事をしているのかをアンケートで調べ，出席番号順でクラス児童全員分の習い事を羅列したものを提示しました。それを見た子ども達からは，「ごちゃごちゃしている」「どの習い事をやっている人が多いのかがわかりにくい」「人数を数えて表にした方がわかりやすい」という意見が出てきて，早速「習い事・人数」の一次元表に整理することになりました。すると「３年生で学習した棒グラフで表したら，一目見てわかりやすくなるのではないか」「人数が多い順に並べた方がわかりやすい」という意見が出され，子ども達は表をもとに棒グラフを作成しはじめました。習い事が全部で15種類もあり，時間はかかりましたが図６－５のような棒グラフが出来上がりました。完成した棒グラフについて班ごとに意見交流させると，「棒グラフだと，どの習い事を何人習っているのか比較しやすい」「水泳を習っている人はサッカーの倍以上いる」などの意見が交わされました。

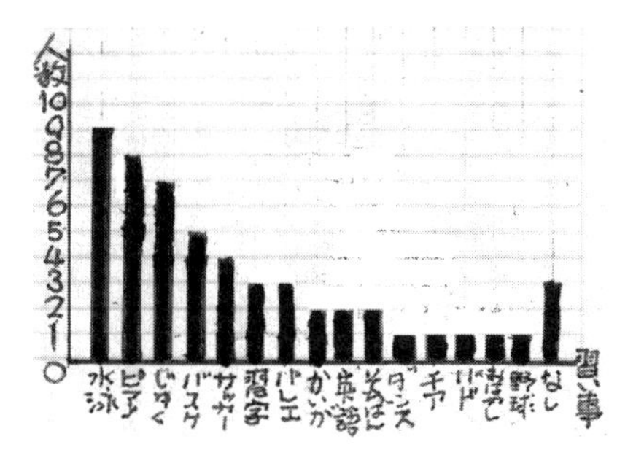

図６－５ 棒グラフ

② 二次元表と折れ線グラフ

さらに子ども達から，「何曜日にどの習い事をしている人が多いのか知りたい」「何歳から習い事をしている人が多くなるのか知りたい」という発展的な意見が出てきたので，まず何曜日にどんな習い事をしているかを再びアンケートで調べ，「曜日」と「習い事の種類」をもとにした二次元表を作成しました。すると，「曜日別に習い事をしている人数がわかりやすい」という意見とともに，「棒グラフのときの習い事をしている人数と全然違う」ということが指摘され，「週に何回かある習い事もあるから，延べ人数になっているんだ」「これだと習い事をしていない人の人数がわからない」という気付きへとつながっていきました。

次に，何歳の時にどんな習い事をしているかを調べて，２歳から９歳までのそれぞれの歳で習い事をしている人数をもとに表をつくりました。その表をもとにはじめは棒グラフを作成しましたが，ここでは，年齢によって人数がどのように変化するかを捉えるときは棒グラフの一番高いところをつなげて見ていることに気付かせ，折れ線グラフの学習へとつなげていきました（図６－６）。折れ線グラフから，「年齢が高くなればなるほど人数が増えている」「線の上がり具合が大きいのは，５歳と６歳の間で，差が一番大きい」などがわかりました。するとさらに「習い事を何歳で始めた人が多いのかを知りたい」という意見が出され，今度は習い事を初めて始めた年齢を調べて折れ線グラフで表してみると，３～５歳の間は変化はないが，６歳で急に人数が多くなっていることがわかり，「１年生になって習い事を始めた人がいちばん多い」ことが確認されました。するとそこからさらに「６歳のときにどんな習い事を始めた人が多いのか詳しく知りたい」という意見が出てきて，さらに調べて棒グラフで表してみると，６歳では「塾」と「水泳」を習い始めた人数がどちらも５名でいちばん多いことが確認でき，このことから，「小学校に入学して勉強が始まるから，塾に通い始めた人が多いのではないか」「水泳の授業が始まるから，水泳を習い始めた人が多いのではないか」などという意見が多数出されました。

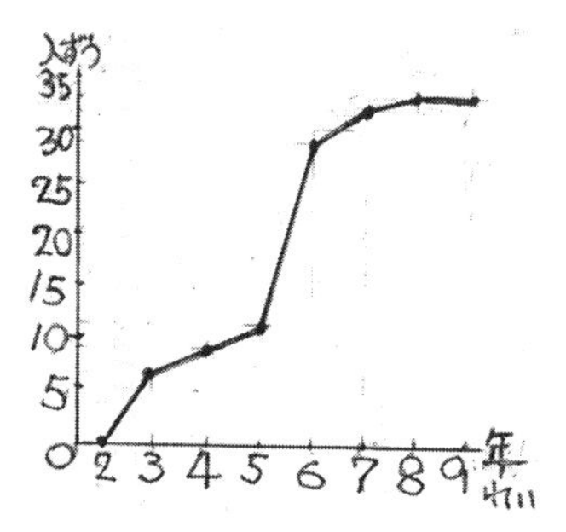

図６－６　折れ線グラフ

こうした一連の実践を終えて，子ども達からは「学校全体を調べてみたい」「市や県で比較してみたい」という意欲的な反応も見られました。

3)　指導のポイント

この領域では，何よりも，子どもが興味・関心を持つデータを取り扱うことが重要で，それが次々と課題を見いだす原動力となります。

（千田　真佑子）

第7章
数学的活動

この章では，平成29年公示の学習指導要領において，従前の用語「算数的活動」の趣旨を一層徹底していくために改められた，「数学的活動」について，その特徴及び現状と課題について明らかにします。

第1節　数学的活動の目標，内容，課題

(1)　数学的活動の目標

平成29年公示の学習指導要領の算数科の目標の冒頭に，「数学的な見方・考え方を働かせ，数学的活動を通して，数学的に考える資質・能力を育成することを目指す」とあり，算数の学習指導の基本的な考え方を述べています。そして，「数学的活動を通して」について，次のように述べています（文部科学省，2017，p.23）。

> 数学的活動とは，事象を数理的に捉えて，数学の問題を見いだし，問題を自立的，協働的に解決する過程を遂行することである。これは，「児童が目的意識をもって主体的に取り組む算数に関わりのある取り組む様々な活動」であるとする従来の意味を，問題発見や問題解決の過程に位置付けてより明確にしたものである。

従前の用語「算数的活動」は，平成10年告示の学習指導要領の算数科の目標から登場したもので，算数全体の学習指導方法の原理について述べていました。算数的活動は，「児童が目的意識をもって取り組む算数にかかわりのある様々な活動」（文部科学省，1999，p.14）を意味しており，内的な活動や外的な活動があることを述べていました。そして，平成20年告示の学習指導要領では，「算数的活動を通して」として，算数科の目標のはじめに位置づけられ，また，「算数的活動の楽しさや数理的な処理のよさに気付き」と2度にわたり登場し，算数的活動の一層の充実を図るものとなりました。

内的な活動
念頭における様々な直接観察できない思考

外的な活動
手や身体を用いて表現される直接観察できる思考

平成29年公示の学習指導要領では，中央教育審議会答申が示した

「算数・数学の問題発見・解決の過程」の図を取り上げて，次のように述べています（文部科学省，2017，p.33）。

> 算数科における数学的活動については，具体的には，「日常生活の事象」及び「数学の事象」を対象とした問題解決の活動と，算数の表現を生かしながら互いに伝え合う活動を中核とした活動で構成され，このうち，前者の活動は，数学的な問題発見・解決の活動となる。

算数・数学の問題発見・解決の過程の図は，小・中・高等学校を通じて，算数科・数学科において育成を目指す資質・能力の方向は同じであるものの，「小学校段階では，数学として抽象的で論理的に構成されたものになっていない」（p.8）点に留意しておくことが必要です。

資質・能力の３つの柱に合わせて示されている，「学びに向かう力，人間性等に関する目標」として，「(3) 数学的活動の楽しさや数学のよさに気付き，学習を振り返ってよりよく問題解決しようとする態度，算数で学んだことを生活や学習に活用しようとする態度を養う。」（文部科学省，2017，pp.21－22）と述べられています。「数学的活動の楽しさ」に気付くという部分については，国際的な学力調査の１つであるIEAの国際数学・理科教育動向調査（TIMSS）において，わが国における児童の算数が好きであるという割合が増加傾向はあるものの国際的に比較すると低いことが報告されており，そのような状況に応えるためのものであるとしています。

児童が数学的活動の楽しさに気付くことができるように，きまりを発見する探究的な活動について見ていきます。例えば，〔A数と計算〕領域の第２学年A (3) では，乗法に関わる数学的活動を通して，数量の関係に着目し，乗法の

	かける数									
	×	1	2	3	4	5	6	7	8	9
かけられる数	1	1	2	3	4	5	6	7	8	9
	2	2	4	6	8	10	12	14	16	18
	3	3	6	9	12	15	18	21	24	27
	4	4	8	12	16	20	24	28	32	36
	5	5	10	15	20	25	30	35	40	45
	6	6	12	18	24	30	36	42	48	54
	7	7	14	21	28	35	42	49	56	63
	8	8	16	24	32	40	48	56	64	72
	9	9	18	27	36	45	54	63	72	81

図7－1　九九の表

計算に関して成り立つ性質などを見いだすといった，思考力・判断力・表現力等を身に付けることができるように指導します。その際，「乗法九九を構成したり観察したりすることを通して，乗法九九の様々なきまりを見付けるように指導することは，児童が発見する楽しさを味わうことにつながるものである」（p.116）と述べています。例えば，0から9までの10個の点を打った円形の図（文部科学省，2002，p.48）を用いた問題はどうでしょうか。

> 図7－2は，乗法九九の表のある「きまり」を表しています。どのような「きまり」でしょうか。

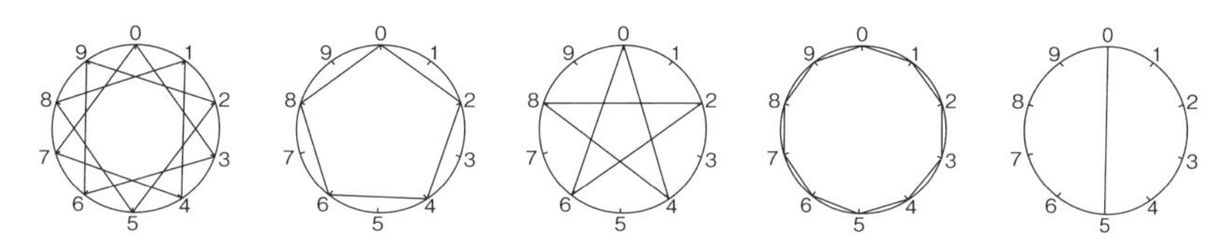

図7－2　乗法九九の表のきまり

乗法九九の表の一の位の数に注目してみます。例えば，3の段であれば，3 × 1 = 3，3 × 2 = 6，3 × 3 = 9，3 × 4 = 12，3 × 5 = 15，3 × 6 = 18，3 × 7 = 21，3 × 8 = 24，3 × 9 = 27ですから，一の位の数は，順に「3，6，9，2，5，8，1，4，7」となっています。解答は，図1の左から順に，3の段と7の段，2の段と8の段，4の段と6の段，1の段と9の段，そして，5の段を表しています。

⑵　数学的活動の指導内容と系統

算数科を構成する五つの内容領域「A数と計算」，「B図形」，「C測定」「C変化と関係」及び「Dデータの活用」と〔数学的活動〕は，縦軸と横軸の関係にあり，小学校算数科の教育課程全体に構造的に位置付けられて

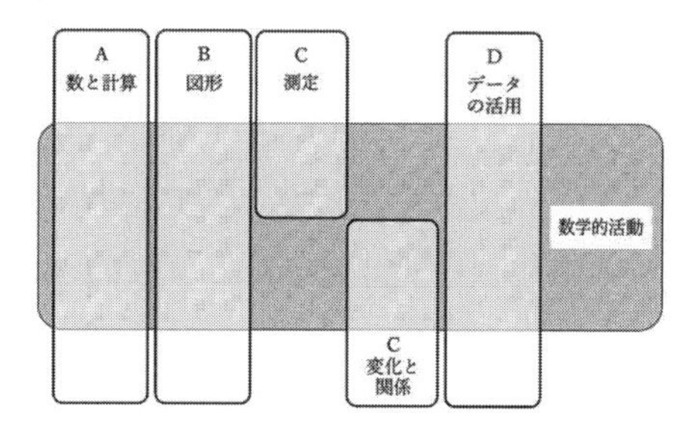

図7－3　数学的活動の位置づけ（文部科学省，2017, p.41）

います。数学的活動の指導にあたっては，「五つの領域の指導内容からいったん切り離した上で」どのような資質・能力を育成するか，という観点から取り組むことが大切です。

「第２章 算数科の目標及び内容」「第２節 算数科の内容」の「１ 内容構成の考え方」の「(1)算数科の内容」では，数学的活動と算数科の学習の意義として，「下学年には具体的経験を大切にする操作等を通して算数を見いだす活動も数学的活動として明確に位置づけることで，小学校算数科に特徴的な数学的活動を重視することとした」（文部科学省，2017，p.33）と述べられています。ここでは，第１学年の児童を対象とした，〔A数と計算〕領域の内容に係る実践事例（蕨市立塚越小学校，2011）を紹介します。「３＋９のけいさんのしかたをかんがえよう」というめあてに対して，10個入る卵パックを２つ準備します。児童は，一方の卵パックに卵に見立てたブロックを移しながら，10のまとまりをつくっていきます。つまり，被加数分解や加数分解により，10のまとまりをつくっていきます（図７－４，図７－５）。他に，各卵パックに５のまとまりをつくった上で，残り２を加えて12となることを説明することもあるでしょう（図７－６）。この実践では，10個入りの卵パックを用いた授業設計により，自然な形で数学的活動を促しています。10のまとまりをつくって数える活動は，十進位取り記数法の原理について基礎的な理解を図り，数の構成と表し方に関わる数学的活動を通して，まとめて数えたり等分したりするといった知識及び技能を身に付けることができるように，「数の概念についての理解を深めるためには，数える活動を多様な方法

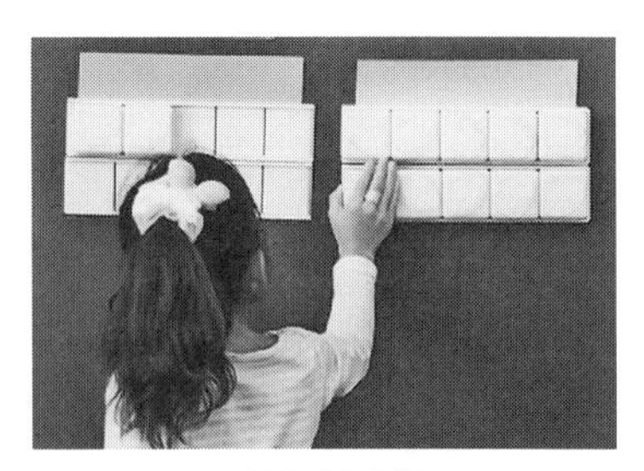

図７－４　被加数分解により10のまとまりをつくる数学的活動

図７－５　加数分解により10のまとまりをつくる数学的活動

図７－６　５個ずつのまとまりから10のまとまりをつくる数学的活動

被加数分解・加数分解
２つの数AとBのたし算「A＋B」で，数Aを被加数といい，数Bのことを加数という
被加数分解は，数Aを分け，数Bとたす
加数分解は，数Bを分け，数Aとたす

十進位取り記数法
数を１行に並べて書くとき，その数字の位置で位が分かるようにしたものを位取り記数法といい，基数を10としたとき，十進位取り記数法という

で行うことが大切」（文部科学省，2017，p.80）です。

⑶　数学的活動の今日的課題

平成29年公示の学習指導要領では，従前の用語「算数的活動」の趣旨を一層徹底していくため，数学的活動と改められています。数学的活動は，算数・数学の問題発見・解決の過程に位置づく「日常の事象から見いだした問題を解決する活動」，「算数の学習場面から見いだした問題を解決する活動」，及び「数学的に表現し伝え合う活動」という３つの活動を中核としています。活動の主体である児童の実態に応じて，教師の工夫により適切に活動を設定していくことが必要です。つまり，数学的活動が目的に合致したものとなるように，指導を計画しなくてはなりません。

例えば，⑵で例示した，10のまとまりをつくるというねらいであれば，10個入りの卵パックを前提としたことで，目的に合致した数学的活動の展開が期待できます。しかし，児童の身のまわりにある題材を用いて，加法の話題を拡張していくとすれば，例えば，６個入りの卵パックを用いても構いません。多くの児童は，３＋９＝12という結果を知っています。そこで，「３＋９のけいさんのしかたをかんがえよう」というめあてを提示すると，２つの６個入りの卵パックにすべて卵を入れることが可能となります。その際，12という数について，いろいろな見方が可能となります。

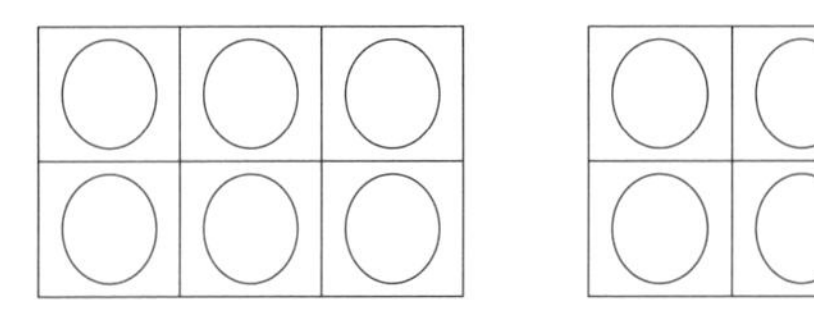

図７－７　６個入りの卵パックを２つ用いた場合

６個で１パックなので，２パックあるから６＋６＝12であったり，横１列６個が２列分でも，同じく６＋６＝12と表すことができます。さらには，縦１列２個の並びが６列分で２＋２＋２＋２＋２＋２＝12と表したり，横１列３パックが全部で４列分あるから，３＋３＋３＋３＝12と表したりすることができます。これらは，同じ12という数をいろいろな数の和で表すことから，数の積として表すことの素地指導にもつながります。当然，第２学年の〔Ａ数と計算〕領域の内容として，１つの数の積を他の数の積としてみることにもつながります。

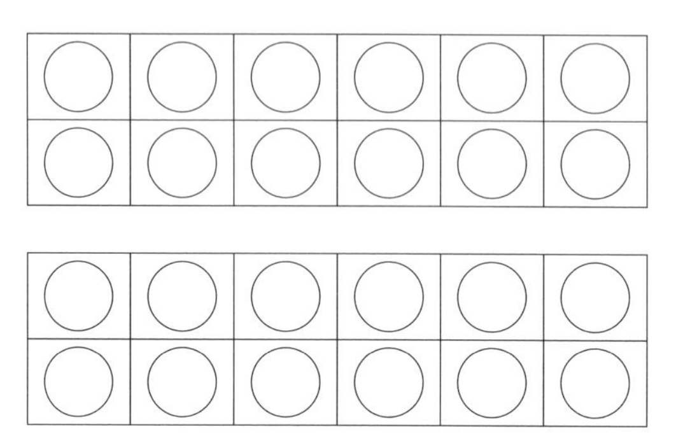

図７－８　６を１まとまりとしてみる半具体物

また，６個入りの卵パックの並べ方を変えることで，次のような12の数をつくることもできます。

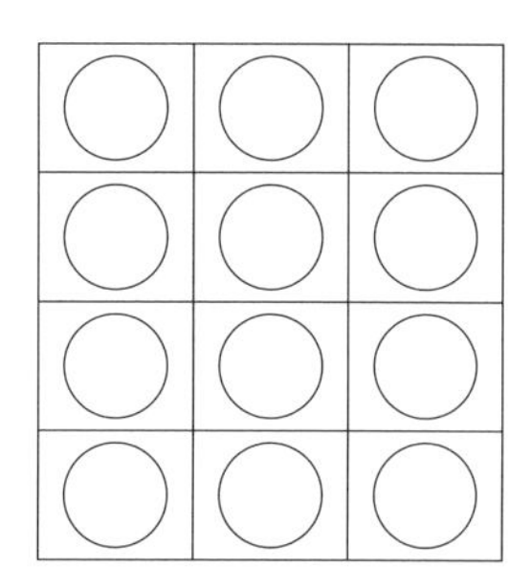

図７－９　６個入りの卵パックを縦に２つつなげた場合

⑵で紹介した実践事例とここで述べた教材研究は，問題解決の過程や結果について，様々な表現を用いて可視化していく活動を想定しています。数学的活動の中核となっている「日常の事象から見いだした問題を解決する活動」や「数学的に表現し伝え合う活動」に関わり，小学校における学習に特徴的な数学的活動の一例ではないでしょうか。

（松嵜　昭雄）

第2節　数学的活動の指導実践

(1)　かけ算（第２学年）

ここでは，第２学年の「Ａ数と計算」領域のうち，「かけ算」の導入における数学的活動の実践事例を紹介します。本時のねらいは，「同じ数のまとまりをつくって数えるよさに気付くことができる」ことです。数学的活動の類型のうち，第２学年の「数量や図形を見いだし，進んで関わる活動」には，「身の回りの事象を観察したり，具体物を操作したりして，数量や図形に進んで関わる活動」（文部科学省，2017，p.74）と示されています。なお，ここで類型化されている活動は，下学年にのみ位置付けてあります。そして，乗法に関わる数学的活動を通して，「乗法の意味について理解し，それが用いられる場合について知ること」（同上，p.112）といった知識及び技能を身に付けることができるように指導します。このとき，「同じ大きさの数ずつまとめて数えることは，乗法の意味につながる」（同上，p.104）ことに留意しておく必要があります。

まず，教師が，あるクラスが遊園地に入る場面を取り上げます（図７－10）。児童らにとってなじみのある実際の場面として校外学習の想起を促し，教員が児童の人数を確認する場面であることを共有します。そして，「子どもは，何人いますか。」という問題を提示します。「どうやって，24人とわかったのですか。」と教師が問いかけることで，同じ数のまとまりをつくって求めたことを確認します。次に，他のクラスが遊園地に入る場面を提示します（図７－11）。児童が「ぐちゃぐちゃで数えづらい。」と発言したので，「どうしたい？」と教師が問いかけて，本時の課題「まっすぐに並べてみよう」を児童の言葉をもとにして設定しました。

図７－10　遊園地に入る１組の様子
（東京書籍，2015，p.2）

児童らは，おはじきを用いて，様々な並べ方を試したり，そこからまとまりをつくって考え，ノートに書き表したりしました。そして，児童Aは，「10ずつのまとまりをつくって，10，20と残りの4と数えて24人と調べました」と説明しました（図7－12）。それを聞いた児童Bが，「でも，校外学習だしまっすぐの列で考えたいから，こっちの方が良いんじゃない？」と発言しました（図7－13）。その図を見た別の児童が，「これなら，2ずつのまとまりで2，4，6，……とも数えられるよ」と説明しました。また，児童らが考えた他の並べ方から，3や4，5，6，8，12のまとまりをつくって数えることもできることを発見していました。

図7－11　遊園地に入る2組の様子（東京書籍，2015，p.2）

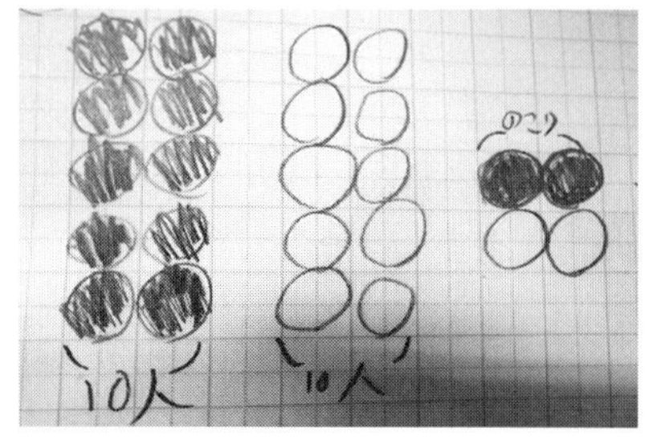

図7－12　児童Aが説明に用いた図

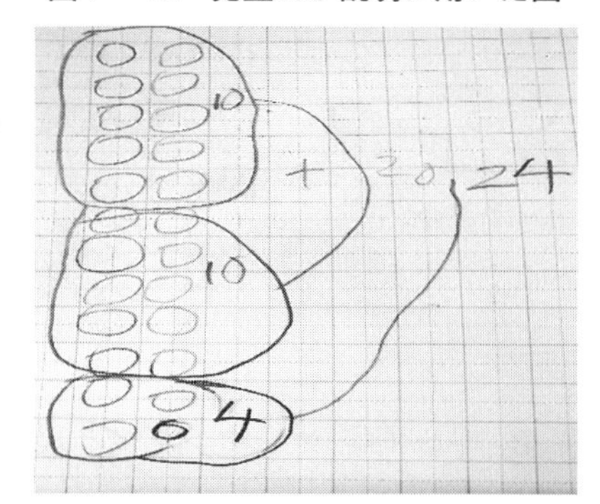

図7－13　児童Bが説明に用いた図

最後に，本時の学習を振り返り，「まっすぐに並べてみることで，10のまとまりじゃなくても，同じ数のまとまりをつくると数えやすいことがわかりました」という児童の言葉をもとにして，まとめとしました。

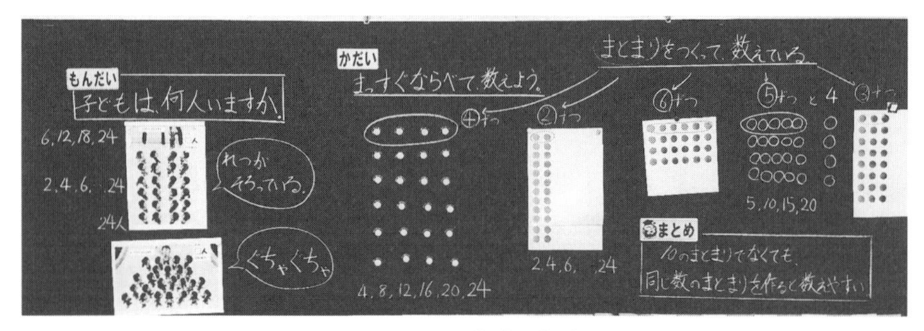

図7－14　本時の板書

（西村　良平）

(2)　単位量あたりの大きさ（第５学年）

本時のねらいは,「エレベーターのかごの床面積（以下,「床面積」）に対して，エレベーターに乗る人数を，単位量あたりの大きさの考え方を用いて『均一』の場面に表現することでわかりやすくし，一人分のスペースを求める」ことです。

前時までに，実際に,「床面積」４m^2のサイズの模造紙に４人乗り，４÷４＝１となるから，１人分のスペースは１m^2であることについて，体験的な活動と半具体物を操作（エレベーターのかごの床を表した紙面上で，人に見立てたマグネットを操作する）を繰り返しおこなっておきます。「床面積」４m^2のエレベーターに４人乗る場合，１m^2のスペースに１人ずつ乗り，児童らは自然と「均一」の状態を保とうとします。実際にエレベーターに乗り込む場面とは必ずしも同じではありませんが，このような体験的な活動を通して「ならす」感覚を身に付けることが期待できます。

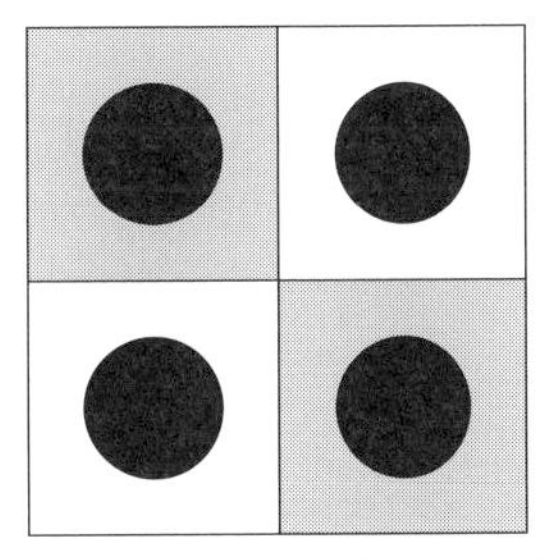

図７－15　半具体物で表した「均一」の状態

次に，４人乗っていたエレベーターにもう１人が乗り込み，５人乗ることとします。すると，児童らはもう１人をエレベーターのかごの中のどこに乗せるか迷いますが，いちばん広いスペースが残っている真ん中に乗ります。４m^2を５人で分けるので１人分のスペースは４÷５となり，答えが0.8m^2であることを導き出すことができました。そして,「１人分のスペースをわかりやすくするには,（マグネットを）きれいに置く」という児童の言葉をもとにして，まとめました。

本時では「６m^2のエレベーターに６人乗り，あとから６人乗ってきて12人乗りました。１人分のスペースはどのくらいでしょうか。」という問題に取り組みます。先に６人乗っているので１人あたりの「床面積」は１m^2です。そこに後から６人乗り込んでくるので,「床面積」１m^2を２人で分ける必要が出てきます。そこで，教師が「１人分は何m^2になるかな。」とたずねたところ,「２分の１」と「１分の２」という２つの答えが出てきました。前者はエレベーターに乗っている１人あたりの平均の「床面積」を表しているのに対し，後者は「床面積」1 m^2 に２人乗っていることを表しています。この問題で求めたいものは，１人あたりの平均の「床面積」という単位量あたりの大きさですから，体験的な活動を振り返りながら，結果を確かめると良いでしょう。

次に，「6 m^2 に４人乗ります。１人分のスペースはどのくらいでしょうか。」という問題に取り組みます。「均一」の状態を保つことができれば，４人をならして乗せようとするはずです。ある児童は，はじめは四隅に乗った４人も「真ん中が空いていて，変だ。」と発言し，４人の乗る場所を変えました。

図７－16　エレベーターのかごの床面積６ m^2 に４人乗る問題の体験的な活動と半具体物の操作

図７－17　半具体物による４通りの解答

児童らから出てきた４通りの解答は，いずれも「均一」の状態を保っています。ここでは，6 m^2 を４人で分けているので，6 ÷ 4 ＝1.5 となり，１人分のスペースは 1.5m^2 となります。また，8 m^2 に４人乗る場合は，8 ÷ 5 ＝1.6 となり，１人分のスペースは 1.6m^2 となります。２つの場合について，１人分のスペースを比べます。エレベーターの混み具合の体験的な活動を通して，「単位量あたりの大きさ」と「割合」の学習のなめらかな接続を実現します。

（高木　まなみ）

第8章

数学的な見方・考え方と数学的リテラシー

この章では，新学習指導要領算数科に記載された「数学的な見方・考え方」，PISA調査が定義した数学的リテラシー，さらに，今日的課題を明らかにします。

第1節 数学的な見方・考え方と数学的リテラシー

数学的な見方・考え方
数量や図形やその関係に着目して事象を捉え，見通しをもち筋道を立てて統合的・発展的に考えること

(1) 数学的な見方・考え方の定義と具体例

平成29年3月に公示された小学校学習指導要領の算数科の目標の冒頭には，「数学的な見方・考え方を働かせ，数学的活動を通して，数学的に考える資質・能力を次のとおり育成することを目指す。」（文部科学省，2017a，p.47）と，数学的な見方・考え方を働かせた学習を展開することの重要性が明示されています。小学校学習指導要領解説算数編では，算数的な見方を「事象を数量や図形及びそれらの関係についての概念等に着目してその特徴や本質を捉えること」（文部科学省，2017b，p.22）としています。また，数学的な考え方を「目的に応じて図，数，式，表，グラフ等を活用し，根拠を基に筋道を立てて考え，問題解決の過程を振り返るなどして既習の知識及び技能等を関連付けながら統合的・発展的に考えること」（文部科学省，2017b，p.22）としています。

小学校学習指導要領解説算数編では，主に5つの数学的な考え方（帰納的，類推的，演繹的，統合的，発展的）に焦点を当てています。

以下では，問題「四角形の内角の和を求めよう」を例に，問題解決の過程における数学的な見方・考え方について説明します。

この問題の数学的な見方は，4つの角の和がどんな四角形でも「一定である」という性質を見いだすために，四角形の構成要素の1つである角に着目することになります。

① 帰納的な考え方

帰納的な考え方とは，「幾つかの具体的な例に共通する一般的な事柄を見いだす」（文部科学省，2017b，p.249）ことです。例えば，児童が複数の四角形を描いて，4つの角度を測定した結果から，どの四角形も

内角の和が360°で一定になるという事柄を見いだすことが帰納的な考え方です。

② 類推的な考え方

類推的な考え方とは,「既習の内容との類似性に着目して新しい事柄を見いだす」(文部科学省, 2008, p.45) ことです。例えば, 正方形と長方形の内角の和が360°であることから, 一般の四角形も360°であるだろうと考えることが類推的な考え方です。

③ 演繹的な考え方

演繹的な考え方とは,「既に正しいことが明らかになっている事柄を基にして別の新しい事柄を説明していく」(文部科学省, 2017b, p.250) ことです。例えば, 小学校学習指導要領解説算数編は, 演繹的な考え方による代表的な解法として, 図８－１に示す２つの事例を示しています (文部科学省, 2017b, p. 250)。(i)は四角形を対角線ＢＤで２つの三角形に分割する考え方で, 三角形の内角の和を２倍することにより, 四角形の内角の和を導き出します。(ii)は四角形の中に点Ｅをとり, 各辺と点Ｅをもとに４つの三角形に分割する考え方で, 三角形の内角の和を４倍した値から点Ｅの周りの360°を引くことにより, 四角形の内角の和を導き出します。以上のように, 既習の三角形の内角の和を基にして, どの四角形の内角の和も360°で一定であることを, 論理に基づいて考えていくことが演繹的な考え方です。

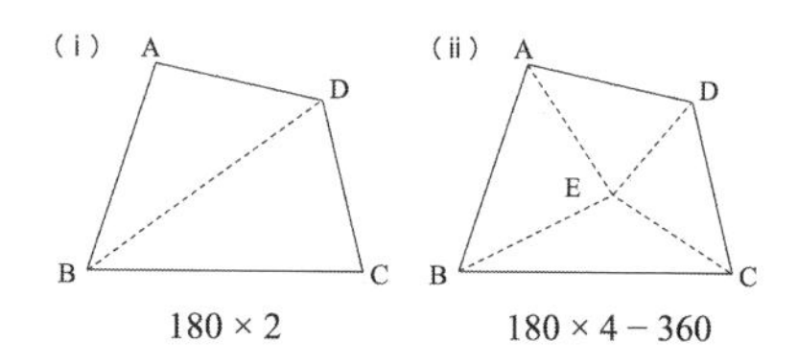

図８－１　演繹的な考え方による解法

④ 統合的な考え方

統合的な考え方とは,「異なる複数の事柄をある観点から捉え, それらに共通点を見いだして一つのものとして捉え直す」(文部科学省, 2017b, p.26) ことです。例えば, 図８－１で示した２つの方法は, 単に個別の解法として捉えることができますが, (i)は(ii)の点Ｅを移動して点Ｄに重ねた図形と考えると, (ii)の△ＥＤＡと△ＥＣＤが消滅する代わりに点Ｅの周りの360°を引く必要がなくなるので, (i)と(ii)は同一の考えとして統合することができます (中島, 2015, pp.61－62)。

また, 図８－２の(iii)は, 図８－１の(ii)の点Ｅを移動して辺ＣＤ上に重ねた図形と考えると，(ii)の△ＥＣＤが消滅する代わりに点Ｅ′での平角を引く必要があるので，(ii)と(iii)は同一の考えとして統合することができます。さらに，(iv) は(ii)の点Ｅを四角形の外に移動した図形と考えると，点Ｅ″ を頂点とする四つの三角形（△Ｅ″ＤＡ, △Ｅ″ＡＢ, △Ｅ″ＢＣ, △Ｅ″ＤＣ）の角から△Ｅ″ＤＣの内角の和を２回引く必要があるので，(ii)と(iv)は同一の考えとして統合することができます。以上のことから，(ii)の図形を基準に考えると，(i)から(iv)における四角形の内角の和の求め方は，以下の言葉の式で統合することができます。

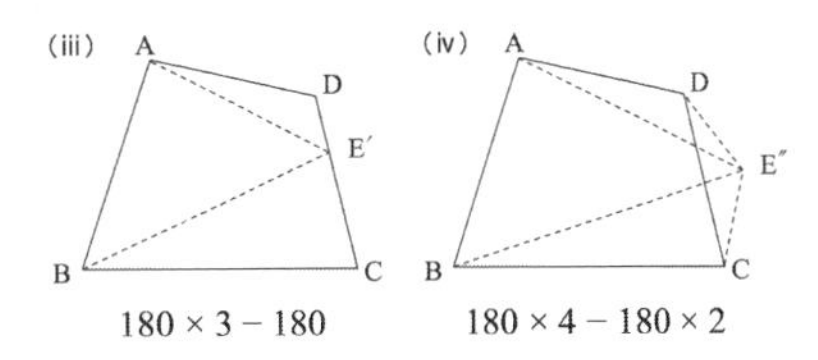

図８－２　統合的な考え方による新たな解法

180×（点Ｅの移動によってできる三角形の数）−（四角形の内角に関係ない角度）

⑤ 発展的な考え方

発展的な考え方とは，「ものごとを固定的なもの，確定的なものと考えず，絶えず考察の範囲を広げていくことで新しい知識や理解を得ようとする」（文部科学省，2017b，p.26）ことです。例えば，四角形の内角の和が360°であることを理解した後，その知識をもとにして五角形から十角形などの内角の和を求めることは，発展的な考え方です。小学校段階では，角を求める式を一般化はしませんが，多角形の内角の和を求めるために，多角形の頂点の数と分割できる三角形の個数との関係を表に表し，伴って変わる２つの数量の関係を考察することは，関数の考えの育成にも繋がります。

(2)　数学的リテラシーの意味と意義

OECDのPISA調査は，数学的リテラシーの定義を「数学が世界で果たす役割を見つけ，理解し，現在及び将来の個人の生活，職業生活，友人や家族や親族との社会生活，建設的で関心を持った思慮深い市民としての生活において確実な数学的根拠にもとづき判断を行い，数学に携わる能力である」（国立教育政策研究所，2002，p.15）としています。つまり，学校で学習する数学の課題だけではなく，現実世界における様々な課題や文脈に対して，数学を活用して状況を判断し，解析し，解決し，解釈する能力のことを指しています。この能力は，新しい知識・情報・技術の重要性が増す知識基盤社会において全ての国々の市民に必要とされ，

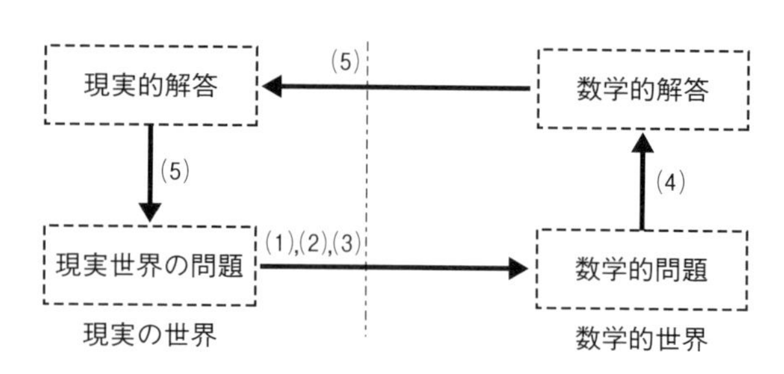

図８－３　数学化サイクル

PISA 調査は，現実世界の問題を解決するための基本的なプロセスを「数学化サイクル」として図式化しています（図８－３）。

⑴　現実に位置づけられた問題から開始すること。

⑵　数学的概念に即して問題を構成し，関連する数学を特定すること。

⑶　仮説の設定，一般化，定式化などのプロセスを通じて，次第に現実を整理すること。それにより，状況の数学的特徴を高め，現実世界の問題をその状況に忠実に実現する数学の問題へと変化することができる。

⑷　数学の問題を解く。

⑸　数学的な解答を現実の状況に照らして解釈すること。これには解答に含まれる限界を明らかにすることも含む。

これまでの算数教育においては，主に「⑷数学の問題を解く」過程に焦点が当てられてきました。これに対して，数学的リテラシーを育成するためには，現実世界の問題から数学的問題への定式化，さらに，得られた数学的解答を現実の状況をもとに解釈する過程が必要であることがわかります。

文部科学省が平成 19 年から実施している全国学力・学習状況調査は，小学６年生と中学３年生を対象とした悉皆調査です（ただし平成 23 年は除く）。この調査の問題は，「知識」に関する問題（算数Ａ）と「活用」に関する問題（算数Ｂ）の２種類の問題で構成されています。文部科学省（2006）は，算数Ｂの問題作成の基本理念として「知識・技能等を実生活の様々な場面に活用する力や，様々な課題解決のための構想を立て実践し評価・改善する力」の２つの力を示しています。これらの力は PISA 調査が定義した数学的リテラシーであり，特に後者の力は数学化サイクルを実行する能力であるといえます。

⑶　算数科での今日的課題

算数科に関わる国内外の調査から，我が国における算数教育の課題が明らかになってきました。ここでは，いくつかの課題の中から２つの課題について概略します。

第１の課題は，学習した算数を生活や学習に活用する数学的リテラシーに関する課題です。表８－１は，平成26年～29年の全国学力・学習状況調査の算数Ａと算数Ｂの結果を示しています。

表８－１　平均正答率（%）

	算数A	算数B
平成26年	78.2	58.4
平成27年	75.3	45.2
平成28年	77.8	47.4
平成29年	78.8	46.2

この結果から，基礎的・基本的な知識については概ね習得していますが，知識・技能を活用する算数Ｂの正答率が低いことがわかります。

図８－４は，平成20年度の算数Ｂ5⑵の問題に示されたグラフの一部です（国立教育政策研究所，2008)。上の棒グラフは，健太さんの学年ごとの身長の伸びであり，問題には他の３人の子どもの棒グラフも示されています。下の折れ線グラフは，健太さん以外の子どもの学年ごとの身長の変化を表しています。実際のＢ5⑵の設問内容は，棒グラフの実線で囲まれた部分と，折れ線グラフの破線で囲まれた部分とを見て，下の折れ線グラフは健太さんの身長を表したものではない理由を記述する問題です。つまり，両方のグラフを観察し，学年ごとの「身長の伸び」と「身長の変化」が対応していないことを読み取り，その違いを言葉や数を使って表現することがこの問題の主旨です。

4　健太さんの身長ののび

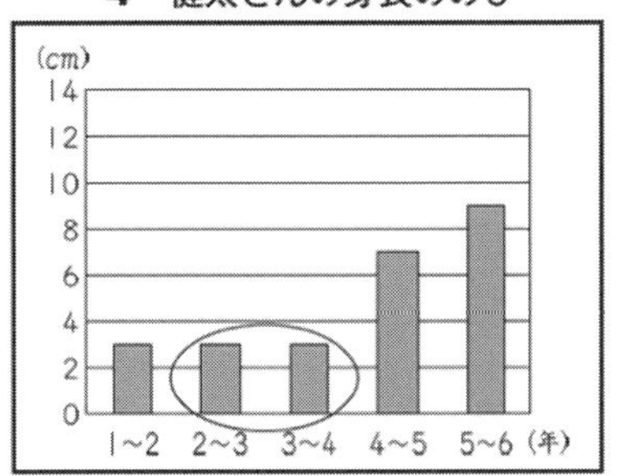

さんの学年ごとの身長

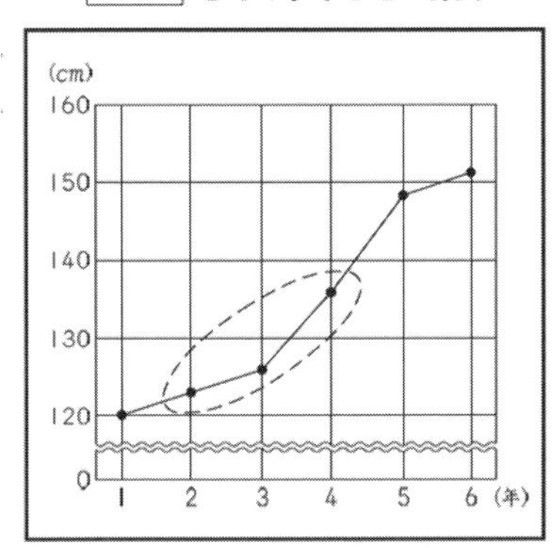

図８－４　算数Ｂの問題例

正答率は19.6％でした。誤答については，折れ線グラフと棒グラフを対応させた記述内容に誤りがある解答が29.0％，どちらか一方のグラフのみで説明している解答が16.8％，無解答が21.3％でした。この結果から，算数で学習した折れ線グラフや棒グラフを読み取り，現実事象の変化を解釈し，それを言葉や数を使って表現する能力に課題があることが分かりました。これは，PISA調査の結果からも同様な課題が指摘されています。

第2の課題は，子どもの算数を学ぶ意欲の低下です。平成29年度に実施された全国学力・学習状況調査の調査項目「算数の勉強は好きですか」では，肯定的な回答をした子どもは66.0％であり，前年度と比べて大きな変化は見られませんでした（国立教育政策研究所，2017）。また，IEAが実施したTIMSS2015における調査項目「算数の勉強は楽しい」では，肯定的に回答した我が国の子どもは75％であり，国際平均値の85％と比べると10ポイント下回っています（国立教育政策研究所，2015）。この他にも，学ぶ意欲に関する調査項目において国際平均よりも下回る結果が得られ，子どもの算数を学ぶ意欲を高める改善の必要性が我が国の課題であることが指摘されています。

（佐伯　昭彦）

第2節　数学的な見方・考え方の指導実践

(1) 変わり方（第４学年）

1) 実施学年と指導単元

小学校４年「変わり方」

2) 授業のねらい

のりしろでテープをつないでいったときの全体の長さを求める活動を通して，数学的な見方・考え方を高める。

3) 数学的な見方・考え方

数学的な見方：伴って変わる二つの数量（テープの本数とテープ全体の長さ）の関係に着目する。その際に，のりしろの個数が関係していることにも着目する。

数学的な考え方：テープの長さの変わり方や，テープの本数とのりしろの個数の関係を見付け，それを活用して問題を解決するというように帰納的に考える。

4) 授業の実際

① 問題の把握

10cm のテープを数本提示し，「これらを１cm ののりしろでつないでいきます。２本つなぐと全体で何 cm になるでしょう」と問いかけました。すると，「10＋９で 19cm」と「10×２－１で 19cm」の２つの求め方が発表されました。つないだテープの見方を全体に指導する重要な場面であると捉え，図を使って，クラス全体でていねいに確認しました。次に，３本の場合を問いましたところ，「10＋９×２で 28cm」と「10×３－１×２で 28cm」のどちらかで求めることができていました。そして，主発問「10 本つなげると，何 cm になりますか」を提示し，「求められるかな」「同じように考えれば」「できそう」という反応を受け，「10 本つなげたときの長さの求め方を考えよう」というめあてを立てました。

② 問題の解決

10 分間程度の自力解決の後，集団解決に入りました。まず，A児の表を使った求め方を取り上げました。A児は，「３本までの表から９cm ずつ増える」というきまりを見付け，表をかきたし，「10 本のとき

91cm になる」と発表しました。これを受けて，「10＋９×９＝91」という式がＢ児から出されました。９cm ずつ増える理由を問うと，Ｃ児は，図を使いながら，「どのテープものりしろが１cm 重なり，10－１で９cm ずつつながっていくから」と説明しました。ここで，関連した見方をしているＤ児を指名しました。Ｄ児は，図の１本目のテープを１cm と９cm に分けて，「はじめに１cm あったとすると，１＋９×10で91cm になる」と述べました。これに対してＥ児は，テープの本数とのりしろの個数についての表を黒板にかき，「のりしろの数はテープの本数より１個少ないから，10×10－１×９で91cm になります」と発表しました。のりしろが１個少なくなる理由を問うと，Ｆ児は，図を使いながら，「植木算と同じで，テープとテープの間にのりしろがあるから」と説明しました。

③　適用問題の解決

のりしろを２cm にしたときの全体の長さを求めさせました。「10＋８×９で82cm」「２＋８×10で82cm」「10×10－２×９で82cm」と求めていました。

表８－２　授業において板書された表

のりしろの数（個）	0	1	2	3	4	5	6	7	8	9
テープの数（本）	1	2	3	4	5	6	7	8	9	10
テープ全体の長さ（cm）	10	19	28	37	46	55	64	73	82	91

5）　実践の結果

問題を解決するための数学的な見方は，Ａ児～Ｄ児はテープの長さの変わり方に着目し，Ｅ児・Ｆ児はテープの本数とのりしろの個数の関係に着目しているといえます。数学的な考え方という点では，Ａ児は，帰納的な考え方で解決し，Ｂ児は式の考えを用いて簡潔に解決しています。Ｃ児の発言は，Ａ児とＢ児の正しさを裏付ける演繹的な説明になっています。のりしろに着目した解法でも，Ｅ児の発言は帰納的で，Ｆ児の発言は演繹的であるといえます。

(2) 円周（第５学年）

1） 実施学年と指導単元

小学校５年「円周」

2） 授業のねらい

グラウンドのトラックのセパレートコースにおいて，外側のコースのスタートの位置をどれだけ前にするかを求める活動を通して，数学的な見方・考え方を高める。

3） 数学的な見方・考え方

数学的な見方：トラックは，直線と半円で構成されていることに着目する。

数学的な考え方：トラックの長さを求める方法について，式で表す，式を計算する，式をよむ，式を変形するなど，式を使って考察する。

4） 授業の実際

① 問題の把握

トラックの図を提示し，セパレートコースについて説明しました。そして，２人が競走するときの内側をＡコース，外側をＢコースとすることを伝えました。ここで，ゴールラインを同じにするために，スタートラインをどう引くか尋ねました。「Ｂコースを少し前にする」という意見に対して，賛成の声が多数ありました。「どうしてか」と問うと，「平等にするため」「きょりを同じにするため」「外側が長いから」と理由を述べていました。「なるほど。では，どれだけ前にしたらよいか」と問うと，「Ａの距離とＢの距離の差」と答えましたが，「直線部分の長さ，円の部分の直径，ＡとＢの幅がわからないと計算できない」という意見も出ました。そこで，必要な長さを教え，「Ａの距離とＢの距離の差を求めよう」というめあてを立てました。ただし，ここでいう「距離」とは，「走る長さ」をさしています。また，問題を単純化するために，走るところを線で表しました。

② 問題の解決

10分間程度の自力解決の後，集団解決に入りました。まず，Ｃ児は，「Ａは，$40\times2+30\times3.14=174.2$。Ｂは，$40\times2+(30+2)\times3.14=180.48$。差は，$180.4-174.2=6.28$ で 6.28m」と発表しました。次に，Ｄ

児から，「直線部分 40× 2 は共通なので省略すればよい」という意見が出されると，口々に「なるほど」というつぶやきが聞こえてきました。そして，全員で，「 A は，30×3.14＝94.2。 B は，（30＋ 2 ）×3.14＝100.48。差は，100.48－94.2＝6.28 で 6.28m」と求められることを確認しました。しかし，ここでE児は，「もっと簡単にできます。30×3.14 も共通なので省略すればよい。つまり 2 ×3.14＝6.28 で 6.28m」と言うと，「おお」という驚きと賞賛の声があちらこちらで起こりました。

③　適用問題の解決

AとBの幅を 2 m， 3 m にしたときの距離の差を求めさせました。E児の考えを活用して，「 4 ×3.14＝12.56 で 12.56m」「 6 ×3.14＝18.84 で 18.84m」と求めていました。「言葉の式でまとめることができないか」と問うと，F児は，「 2 ×幅×3.14」と答えました。

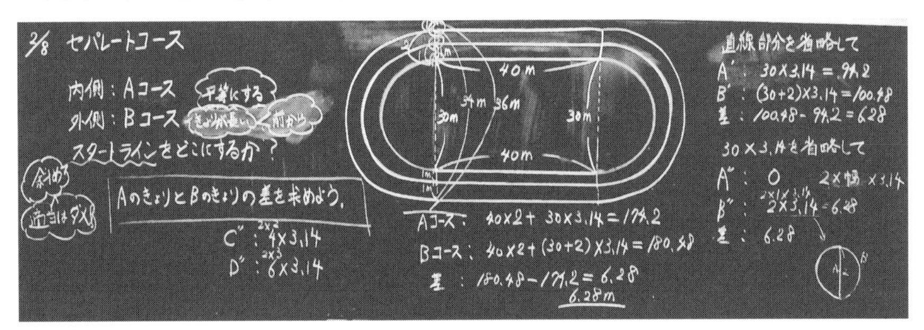

図８－５　最終板書

5)　実践の結果

問題の把握における「直線」や「円」という児童の発言から，セパレートコースを図形に着目して見ることができているといえます。問題の解決において，D児やE児は，相殺の考えで，簡潔に答えを導いています。最後にF児は，帰納的に考え，式を一般化しています。ところで，G児は「学習の振り返り」に，「この式は円周を表している」と記述していました。これは，式と図形を関連付けているといえます。

（久次米　晶敏）

第9章

算数科における教材教具

この章では，算数科の日々の実践で用いられる教材教具について，伝統的な教材教具とデジタル教科書，電子黒板などの新しいメディアの両面からその本質と課題を明らかにします。

第1節　算数科における教材教具

(1)　教材教具の本質

教材とは，教育目標の達成のために作成あるいは選択された素材であり，教科内容を具象化した問題や図式を指します。また広義には，教育活動全体を成り立たせる対象，すなわち教科内容を包含して定義されます。これに対して教具とは一般に，子どもが直接操作可能な物的手段としての媒介材とみなされます。教材と教具の厳密な定義や区分にこだわるのはあまり生産的ではありませんので，以下，両者を教材教具と総じて表記します。

算数科における具体的な教材教具とは，例えば，新聞広告や空き箱，サッカーボール等，それらが数量関係の理解や図形概念・空間観念の形成などに資すれば，全て教材教具といえます。同時に，数え棒やタングラム，幾何板（Geo-board）等，そこにある数学的構造が知覚しやすく，その操作を通して概念形成を直観的に支援しやすい優れた教材教具も開発されています。また，低学年でよく用いられる算数道具箱には，おはじきや数図ブロック，色板，時計模型など算数科での学習に重要な補助的な教材教具が整理されており，それらの特徴の理解が算数指導の前提となっています。

算数科における教材教具の本質を知る上で重要な点を以下３点あげます。第１に，中内（1978）や礒田（2003）が指摘したように，教材教具の進歩は，学校教育の目標自体を大きく変えてしまうことです。例えば，かつて電卓や作図ツールが開発された当初，「計算力が低下する」，「電卓を使うと電卓を作る人間が育たない」，「念頭での数学的操作を行う力が低下する」等のように，その算数指導への導入が危惧されました。確かに，子どもの発達段階を踏まえない拙速で無分別な導入は避けねばなりません。しかし，教材教具の開発史が示しているように，どこまでが人間が手作業で取り組む活動であり，どこから機器を用いるかについては，単に効率論だけでなく社会文化的な視野で常に見直されねばならないのです。かつては，演算決定や立式など思考判断は人間が行い，単純計算は原理を理解して技能習得後には機械で補助する，という単純な図式がありました。今日では人口知能（AI）の開発が飛躍的に推し進められ，人が通常会話に用いる言葉の意味や文脈を理解して判断をアシストする機能をもつ汎用ツールも多数開発され，算数科が責任をもって育むべき人間像を改めて慎重に見直さねばならない時期に差し掛かっています。シンギュラリティは時間の問題なのです。

シンギュラリティ
人工知能（AI）が人類の知能を超える技術的な特異点であり，それによる世界の変化のこと

第２に，教材教具は教員による独自の解釈や編成を寄せ付けない程に硬直したもの（teacher-proof）ではないということです。法的拘束力をもつ学習指導要領に準拠して作成され，文科省検定を受けた算数教科書（教科用図書）は教材教具の代表格であり，授業で使用する義務があります。しかし，必ずしもそこに記載された単元の配列順に指導せねばならないという規制はありません。例えば，５年生の算数教科書では通常「小数×小数」単元を先に，「割合」単元を後に記載していますが，その指導順を逆転させて「×小数」の意味付けに割合概念を用いることも，入念な検討こそ要りますが，法的に何ら妨げられるものではありません。子どもの実態や他教科との関連などを鑑みて，教材教具を柔軟に解釈して授業を行う自由裁量が教員に認められているのです。

第３に，算数科の学習指導の充実は教材教具研究の深さに依存するということです。教材教具研究とは，そこにある数学的構造を知り，その開発の歴史的経緯を調べ，子どもの発達あるいは教室環境の制約などを踏まえて，授業における使用上の留意点を総合的に検討することです。優れた算数授業の実現を望むのなら，小手先の指導法や精神論に拘泥せずに，まずは教材教具を数学的，歴史的に徹底的に分析するべきです。また旧態依然とした教材教具に固執せずに，教育の新たな質的改善に向けて日進月歩のテクノロジーを前向きに取り入れていく必要があります。

（小原　豊）

⑵ 算数科におけるデジタル教科書とタブレット端末

デジタル教科書（電子教科書）とは，紙媒体の代わりにデジタルデバイス上でその内容を閲覧できる電子書籍であり，既存の教科書をPDF化した最も単純なものから，音声や動画など豊富なマルチメディアコンテンツを盛り込み，通信融合型として情報検索や理解共有ができる形式へと進歩しています。2016年時点のデジタル教科書の整備状況は平均37.4％で全国的に上昇傾向にありますが，学校に導入された教育用コンピュータのうち，タブレットPC（タブレット型コンピュータ）の台数は2012年度の26,653台に対して2016年度はおよそ9.5倍の253,755台になるなど，こちらもより高い増加率で普及が進んでいます（文部科学省，2016）。

2017年現在，文科省検定の算数教科書は，東京書籍，大日本書籍，学校図書，教育出版，啓林館，日本文教出版の6社によって作られていますが，各社は紙媒体の教科書を積極的に補完する上で新たなるデジタル教科書の普及に取り組んでいます。また，文部科学省も，「学びのイノベーション事業」において，小学校第3学年から第6学年のタブレットPC上で動作する学習者用デジタル教科書を開発してきました。デジタル教科書は，拡大機能，音声再生機能，アニメーション機能，参考資料機能，書き込み機能，作図・描画機能，文具機能，保存機能，正答比較機能の7つの機能を有しますが，より具体的には以下3つの主たるメリットがあります（文部科学省，2014）。

第1に，動画や操作可能な立体画像など多様で豊富なリソースが直接盛り込めることです。グラフの画像を拡大して細部を確認したり，図形をずらして反転させたりする具体的な操作が子どもの理解をアシストすることが期待できます。特に，計算手続きや数直線・面積図の作図順序など，従来の紙媒体という制約から冗長になりがちであった表現が動的にシミュレーションできることで，効率的な算数指導を実現すること可能となっています。

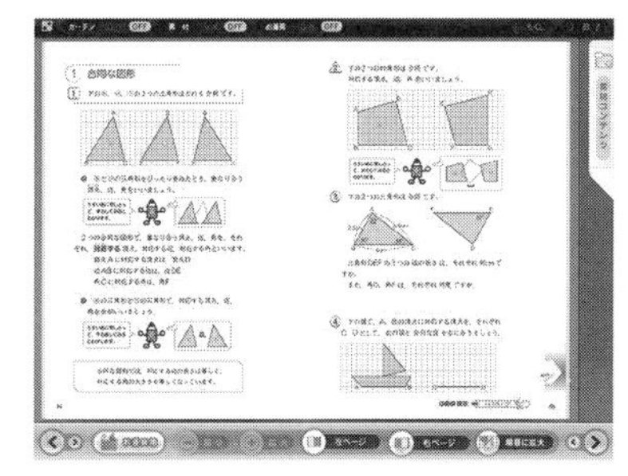

図9－1　デジタル教科書
（啓林館5年生版）

ICT
(アイシーティ)
Information and Communication Technology, 情報通信技術の略

ポートフォリオ
学びの履歴として成果や記録, 評価を蓄積していくファイル

第２に，その手操作による自己関与と動的表現による視覚化によって，子ども達の興味関心が喚起されることです。また，そうした肯定的な評価だけでなく，児童のICT活用スキルも向上しています。

第３に，子どものもつデジタル教科書をネットワーク接続されたタブレットPC上で動作させることで意見交換や理解共有が可能となり，個々の学びの成果を蓄積する電子ポートフォリオとしての役割を担うことです。この意味で，後項で述べるように，電子黒板はデジタル教科書とリエゾンしてこそ，その本来の効果が十全に発揮されます。

その一方で，デジタル教科書は決して全能なツールではなく，“使えばバラ色”と短絡せぬように留意すべき点も多々残されています。

文部科学省の実証研究においても，算数の場合，次の３つの留意点が指摘されています。まず第１には，実際に作業をさせる算数的活動が必要な場合もあるため，ICT機器の効果的な使い方を考え，教材開発を進めていくことが必要である点です。第２には，図形や立体の学習は学年や全体計画に応じて，ICTを活用するか，実物を活用するか検討することが必要である点です。そして第３には，ICTを活用すると視覚的に数の概念をとらえたり，図形を回転したり，移動したりでき，直感的に理解できたような感覚に陥ることがあるため，理解したことの定着を図る活動も併せて行うことが必要である点です（文部科学省，2014)。

また，タブレットPCを含むタブレット端末も，これまで用いられてきた実物や紙媒体とどう効果的にブレンドしていくべきかなど，その急速な普及とともに，それ自体が算数の授業で教材教具として用いられることもあり，デジタル教科書における議論とは分けて考える必要が生じています。

タブレットは自分で考えたり判断したりする場面に有効なメディアであり，直接画面に指示できるためPCとは別の効果があることや，児童に「もう一度やってみたい」と思わせる継続動機づけに優れた特徴があるなど，紙媒体やPCとは異なる有効性が示されているからです（赤堀，2014)。

個々の教員がその長所と短所をふまえてデジタル教科書やタブレット端末の使い方をていねいに探る必要があるでしょう。

（北島　茂樹）

(3) 算数科における電子黒板

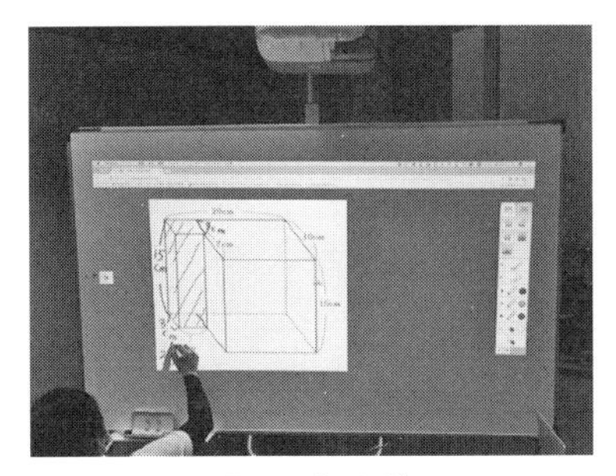

図９－２　電子黒板を使用している様子

電子黒板とは，ボード上に直接書きつけた文字や図式をデータとして他の媒体に提示できるメディアのことを指します。電子黒板の中には，書かれた内容を直接プリンタ出力するホワイトボードのような単純なものから，書かれた文字や画像をボード上で直接移動，拡大・縮小，回転させる操作が可能なもの，豊富なコンテンツにつなげて探求的で双方向的な学びを支える高機能なものまであります。電子黒板の整備状況は，2017年現在，78.8%で年々上昇傾向にあります（文部科学省，2017）。なお，算数科は小学校において電子黒板が最も活用されやすい科目であることがわかっています（稲垣ら，2007）。

電子黒板は，大きく，プロジェクタを用いてスクリーンに投影するタイプと大型ディスプレイ自体と一体化して操作するタイプの２種類がありますが，そのいずれもが有する特徴は，「視覚化機能」，「ネットワーク機能」，及び「記録再生機能」の３点に尽きます。前者２点はデジタル教科書と同様ですが，３点目の機能は電子黒板特有の強みをかもし出します。以下，これらの諸機能によってもたらされるメリットを具体的に列記していきます。

第１に，視覚化機能がもたらす理解の補助，興味・関心の喚起，及び，それによる集中力の持続です。明るく鮮明に映し出された図形や文字，様々な動画が子どもの学習意欲を引き出す契機となり得ます。

第２に，ネットワーク機能がもたらす双方向的学習の実現です。子どもが算数を自ら学び自ら考えるとき，そこに多様な考え方が生まれます。電子黒板は，書き込みが手軽にでき，どこに注目するかがわかりやすいため，書き込みがわかりやすく，自分の考えとの比較しやすくなっています。電子黒板は，こうした多様な考えに対する気づきを得やすくし，積極的な学び合いを提供できるプラットフォームとして，互いの学習進展をモニターし理解を共有するツールとなり得ます。

第３に，記録再生機能がもたらす学習履歴の利活用による数学的な思考の深化です。例えば，ある子どもが分数のわり算の問題を，比例数直線を用いて解いたとします。その解決結果だけでなく，そのプロセスを資料として電子黒板にストックすれば，他の学級の授業でも「○○さんの考え」として適宜呼び出し，そこにある数直線の作図過程や演算決定と立式の手順まで含めてDo（順操作）とUndo（逆操作）で繰り返して子どもに演示することができます。このような資料を教育クラウドの一部として集積，共有していくことは広い意味での協同学習の実現に結び付いています。

全国的に整備は進み，前述したようなメリットがあるものの，電子黒板の利用については困難が残されています。その中でも，授業を作っていく教師自身が，電子黒板の特性を活かした授業づくりが難しいと感じていることが挙げられます（稲垣ら，2009）。電子黒板を活用した授業実践の報告はされてきていますが，自分の受け持つ授業に電子黒板を授業に導入することで授業の何が変わるのか，どう変えていくべきなのか，といったことの個別具体的なイメージがもちにくいのだと思われます。これから，電子黒板の整備が進んでいくにつれ，電子黒板の存在は子ども達にとって当たり前のものとなっていくことが予想されます。そうすると，ただ電子黒板を使用するだけでは，子ども達の興味・関心の喚起は難しくなっていくでしょう。これから電子黒板を利用する際には，より一層電子黒板の特性を理解して効果的に使用していくことが求められます。

（徳岡　大）

第2節　教材教具を用いた指導実践

(1)　算数道具箱の活用

算数道具箱とは，児童一人ひとりが所有する一式の教具のことです。おはじき・数え棒・多角形のパネル・時計などが含まれ，算数セットなどとも呼ばれます。ここでは，いくつかの用具の使い方を見てみましょう。

図9－3　2種類のお菓子

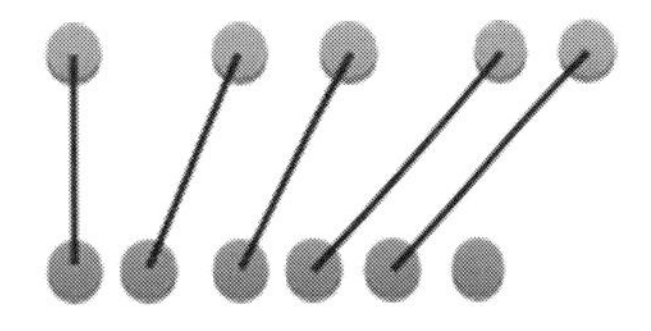
図9－4　対応をつける

おはじきは，直接動かせない物の数を比べたり計算したりする場面で使える道具です。例えば，図9－3のようなイラストにおいて，2種類のお菓子のどちらが多いかを考える場面を考えましょう。このとき，イラストの上で，白のお菓子には赤いおはじきを，黒のお菓子には青いおはじきを重ねて置けば，イラストの上の赤と青のおはじきの個数を比べることが，お菓子の個数を比べることと同じであることがわかります。イラストのお菓子は動かすことができませんが，おはじきならば自由に動かして考えることができるので，図9－4のように対応をつけてやることで，2つのお菓子のどちらが多いかわかります。他にも，机の数や手を叩いた音の数など，直接動かしにくいものでも，おはじきと対応させれば数を比べることができます。

数え棒は，10を超える数の読み方を学習する際に有用な教具です。一般的には，1本がそのまま一を表す棒，1本で十の束を表す棒，1本で百の束を表す棒などが用意されていて，各棒は，それが何の束を意味するのか，色や大きさで区別できることが多いです。例えば，児童一人ひとりが自分で10の束を作って十の棒と交換し，残りの本数を確認する活動を考えてみましょう。この活動を12，14，17など様々な数で行う中で，児童は数の呼び方が「十と残りいくつか」で決まるという規則に気付いたり，その規則が正しい規則かを確認したりすることができます。

数え棒を用いた数の読み方の学習から，その数の表し方の学習へと進む場合は，数え棒の使い方に工夫が必要です。例えば，203という数を表わす場合で考えましょう。この場合，読むときは，「二百ゼロ十三」とはいいませんが，書くときは「203」と十の位にゼロが必要です。そこで，児童がこのことを意識できるように，何桁目が何の位かを約束した上で，図９－５のように，各位を表すマスに数え棒を整理して収め，数字として書き下す活動を行いましょう。そうすることで，数の読み方と表し方の混同を防ぐ学習を行うことができます。

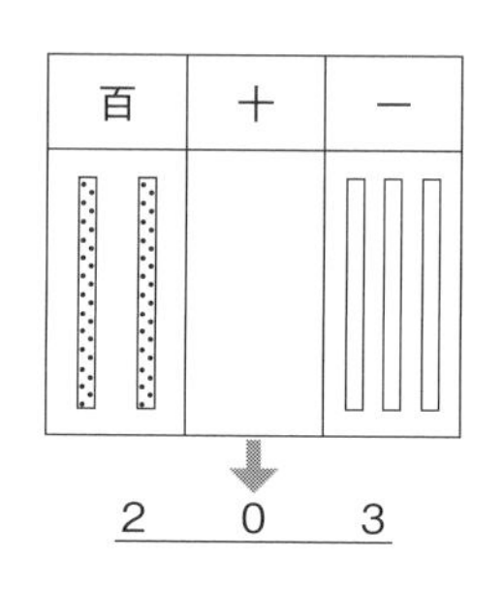

図９－５　二百三から 203 への変換

このように，算数道具箱は，数学的な見方・考え方を，目に見える形で学ぶことを可能にする道具です。しかし，算数道具箱を使ってさえいれば，いつでも価値ある学びが実現できるわけではありません。ここでは，授業で大事にしたい２つの場面を示しましょう。

１つは，児童が算数道具箱の活用を自然なこととして感じられるような場面です。このことは，教科を問わず大事にされている本物の学び（いわゆる，真正の学習；石井，2015 参照）を実現する上でも重要です。例えば，鉛筆や消しゴムなど，直接動かして考えることのできる物に対しておはじきを活用させようとしても，児童は，おはじきを活用する価値が実感できないでしょう。動かせない物について考えることが重要です。

もう１つは，児童が算数道具箱を活用して，自分の考えを表現し，その考えを級友に説明したり，自分自身で振り返ったりする場面です。そうすることで，「この考え方は正しいだろうか？」や「この考え方はいつでも使えるのだろうか？」といった新たな疑問が生まれ，算数の学びをより一層深める契機が得られます。こうした授業をつくる視点は，例えば岡崎（2016）が示した道具や図の活用場面の例が参考になるでしょう。

算数道具箱は，児童が数学的な見方・考え方を身につけたり，表現したりすることを手助けする道具です。おはじきや数え棒が道具として役に立った経験が，それらを用いて行った思考と同じ思考を，生活や他の学習で活用しようとする態度の基礎をつくるといえます。

（上ヶ谷　友佑）

(2) 電子黒板の活用

主体的・対話的で深い学びを実現する授業づくりを行う上で電子黒板は非常に頼もしいツールの１つです。文部科学省は電子黒板を使用する際にふさわしい場面として「授業内容を振り返る」,「わかりやすく説明する」,「明確に伝える」,「興味・関心を高める」,「実演でやり方を示す」,「児童生徒に考えさせる」,「児童生徒が発表する」,「知識・スキルを定着させる」という８つの場面を挙げています（文部科学省，2015)。

これらの活動を算数科教育にどのように取り入れればよいか，第４学年での以下のような敷き詰め問題を例に考えてみます。

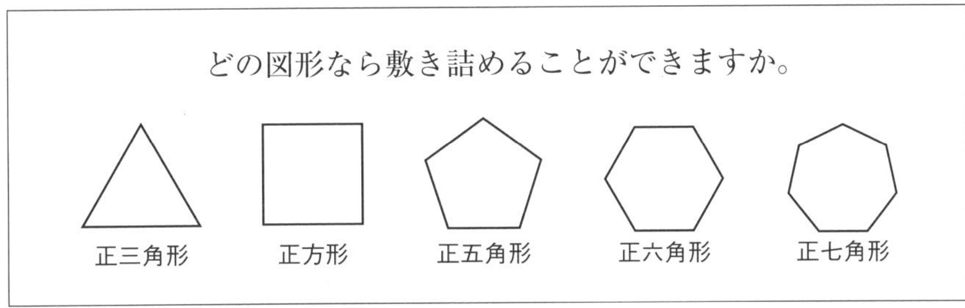

図形を敷き詰める活動の目的の１つとして，平面の広がりを感じることが挙げられます。図９－６のような正三角形，正方形の敷き詰めは，黒板上で紙の教材を使ってもできますが，無制限にスペースを使える電子黒板上において縮小機能やコピー機能を使いつつ敷き詰めを行うことによって平面の広がりをより感じやすくなります(図９－７)。

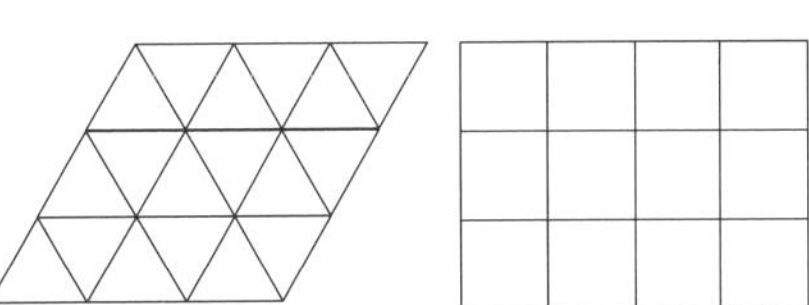

図９－６　正三角形，正方形の敷き詰め

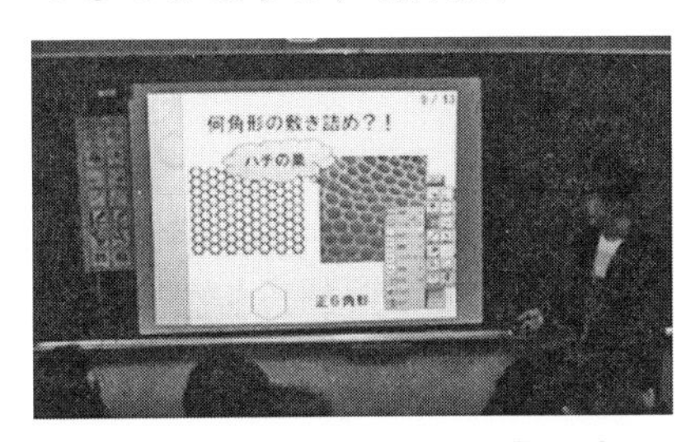

図９－７　電子黒板上での敷き詰め

正三角形と正方形が敷き詰められることを操作的に確認し，正三角形，正方形，正六角形でも，同じように敷き詰められるのかを考える場面を想定します。子どもは，実際に敷き詰めてみる方法以外に思いつかないかもしれません。その際，正三角形の敷き詰めの一部を縁取ることで正

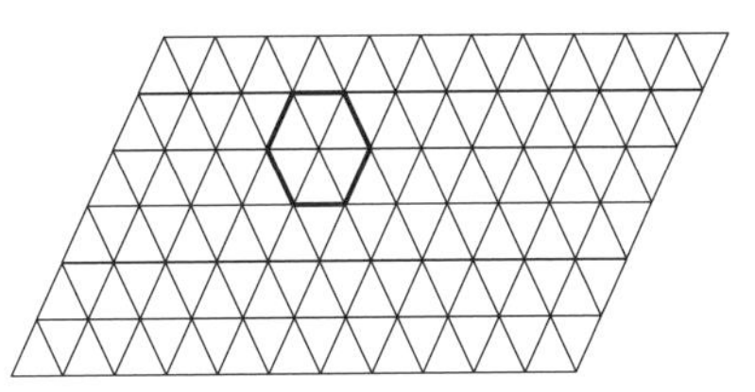

図９－８　電子黒板上での思考の支援

六角形が視覚化され子どもの思考を助けることになります（図９－８）。これによって，正六角形でも敷き詰められることが確認できます。上述のように，紙の教材を使って同様の活動を行うことができますが，電子黒板を用いれば，正六角形の縁取りの位置や範囲に加えて，色を変えたり，それを消したりすることが自在にできます。

また，電子黒板は教師がよりよく伝える見本として活用していくことが重要であり，同時に子どもが電子黒板を積極的に活用して説明する機会を設けることも重要です。例えば，「内角を整数倍してちょうど360°になれば敷き詰められる」ということを帰納的に発見した場合，それを言葉のみで説明するのではなく，図９－９のように電子黒板上で書き込みながら説明することができます。これらの図形を並べて提示することで，共通した考えに気付きやすくなります。

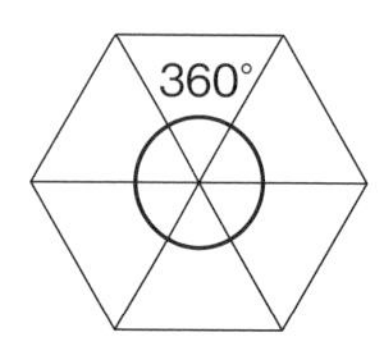

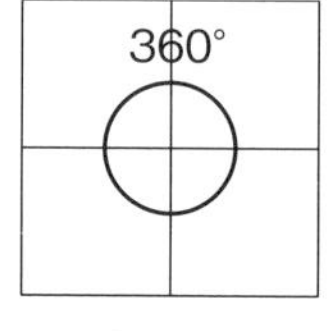

図９－９　電子黒板での書き込み例

正六角形が敷き詰められる（図９－10）理由を子ども自身が説明する場面を設けると「正六角形は６つの正三角形でできているから」，「正三角形なのだから１つの角は60°になる。正六角形には正三角形が６つあるから中心はちょうど360°になる」といった発言が出ます。このように，正三角形と正六角形を対比しながら，正六角形が敷き詰められる理由を説明させることによって，正六角形の構成要素を明確に捉えることができるようになります。

図９－10　正六角形の敷き詰め

正三角形，正方形，正六角形を実際に敷き詰めた後に，正五角形や正七角形が敷き詰められない理由を子ども自身が説明する活動を取り入れることも非常に重要です。これらの活動を通して「内角を整数倍して360°になる正三角形は敷き詰められる」という事柄が，よりしっかりと定着していきます。

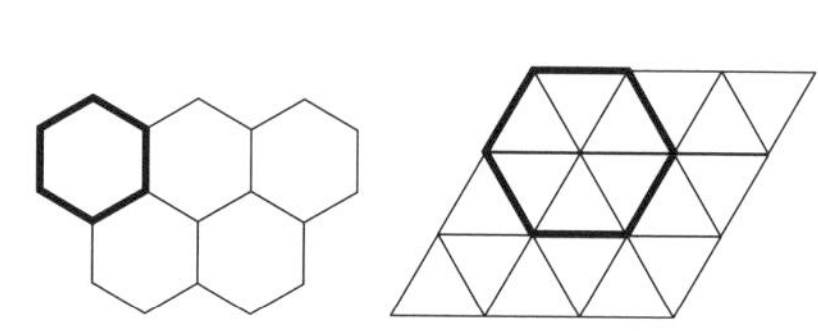

図９－11　操作とその理由を説明する場面

（前田　裕介）

(3) デジタル教科書の活用

デジタル教科書の活用は，教員が用いる場合と子どもが用いる場合があり，どちらの場合でもデジタル教科書が持っている機能を十分に引き出して算数授業を充実させることができます。本項では３つの活用例を紹介します。

第１の活用例は，シミュレーション機能を活用した「対称な形」の学習です。例えば，「点対称な形」を指導する際は，デジタル教科書上に，様々な「形」の画像を映し出し，自身でその形を動かすことができます。このシミュレーション機能によって，図９－12のように紙媒体の場合のような失敗を恐れずに，何度でも繰り返すことや，その過程を保存することが可能になり，試行錯誤しながら，「線対称な形」と異なる，「点対称な形」の性質などの理解が深めることができます。

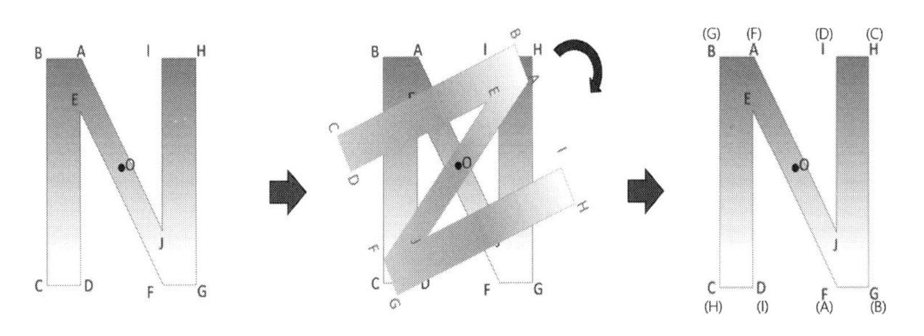

図９－12　動的なシミュレーション機能を用いた「点対称な形」の性質の理解

第２の活用例は，カーテン機能を活用した未習内容の先取り防止ができる合同な図形の学習です。授業において子どもは教科書を用いますが，当然ながら教科書には子どもが今取り組んでいる課題のヒントや解答が載っています。教科書の既述が，真剣に考えている子どもの目に入り，図らずとも，つい答えを見てしまうときがあります。無論，これは全面的に否定されることではありませんが，問題解決において，子どもに与えるヒントをより統制したい場合，図９－13のように教科書の内容を「カーテン」で隠して提示することができます。

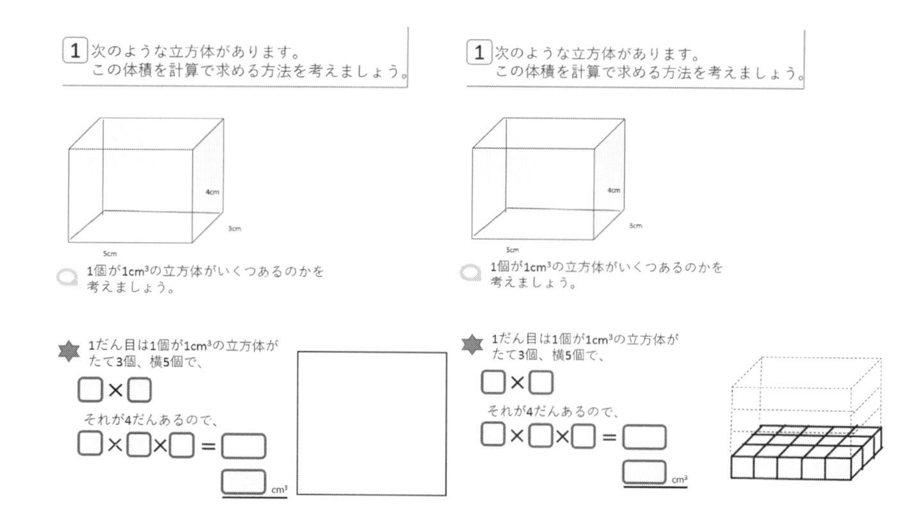

図9－13 「わくわく算数（啓林館）」のカーテン機能（左は Off，右は On）

第3の活用例は，2016年に施行された，いわゆる「障害者差別解消法」に伴い，学校において，障がいや特性に合わせた教育的支援（合理的配慮）が必要となります。その際，文部科学省の「教育の情報化に関する手引」や「学びのイノベーション事業実証研究報告書」の中で，こうしたデジタル教科書を含むICTを活用した，障がいや特性に合わせた教育的支援の実践例を紹介しています。例えば，視覚障がいの子どもに対して，従来の教科書では補助者を必要としていましたが，デジタル教科書であれば，文字の拡大，コントラストの調整，文字の音声読み上げなどが可能となり，障がいの有無にかかわらず自身の力で課題に取り組めるようになります。

ここで紹介したデジタル教科書の活用例は一部であり，デジタル教科書の機能を生かした授業開発はまだ始まったばかりです。デジタル教科書自体の機能拡張に伴って，それを用いて行われる算数的活動はますます充実していくでしょう。

（枝廣　和憲）

第10章

算数科における基礎的指導法

この章では，算数科における「個に応じた指導」，「協同学習による指導」，「習熟度別指導」の特徴や指導上の留意点を明らかにします。

第1節　算数科における指導法と評価

(1)　個に応じた指導と評価

個に応じた指導とは，学習内容を確実に身に付ける上で，子ども一人ひとりの能力や適性を生かしたきめ細やかな指導を行うことです。学校の実態を踏まえつつ，学習進度に応じた習熟度別学習や補充的／発展的学習によって「学力の差」に応じることや，子どもの興味・関心に応じた課題学習などによって「個性の違い」に応じることで，指導の充実に努めます。つまり，個に応じた指導は必ずしも個別学習や少人数指導を意味しているわけではなく，様々な形態の学習において，よい問題と適切な指導を通して，全ての子どもの認識が深めることによって実現されるものです。

ここでは，5年生「割合」単元での問題場面を例に考えましょう。この場面を提示した後，子ども一人ひとりに問題の意図を確認します。

右の表は，運動クラブの定員と希望者の数を表しています。定員と比べて希望者が多いクラブはどのクラブでしょう。

クラブ	定員（人）	希望者（人）
野球	30	45
陸上	40	45
卓球	40	56

野球部と陸上部は希望者が同じ，陸上部と卓球部では定員が同じなので，そこでの比較は容易です。それ故に，本時の問いは「野球部と卓球部を比較する方法を見つけ出すこと」になります。このように，何が本時の主たるねらいであるかをまず子ども達が教室全体で共有することが大切です。そして，個々の子どもに応じて適切に指導するためには，子どもが取り組む活動を予想し，それぞれの活動に対する支援を考える必

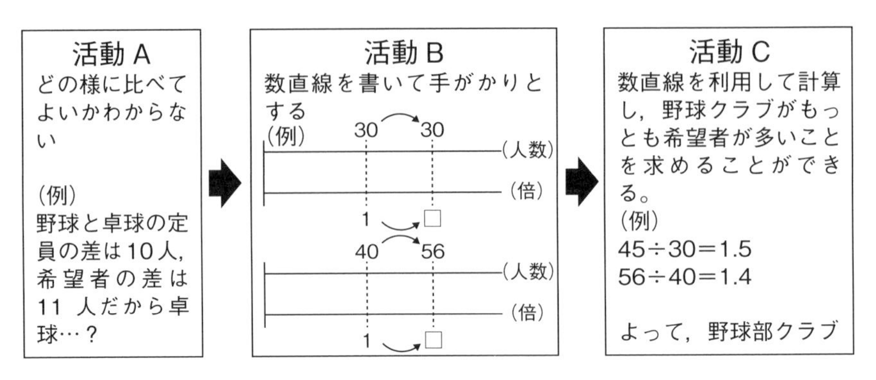

図 10－1　子どもによる３つの活動

要があります。小学校の授業では次の図 10－１のように，概ね３段階の活動が想定されます。活動Ａは，解決への見当をつける上で試行錯誤する段階です。活動Ｂは，図を用いて比較の方法を考える段階です。活動Ｃは，比べる量と基にする量から割合を計算で求めようとする段階です。例えば，活動Ａの状態にある児童には「図を描けないかな？」，活動Ｂの状態にある児童には「式にして求めてみよう」など他の問題場面でも有効な支援を行います。このような支援を日々の学習でくり返すことで，子ども達は「次はこうしよう」という方針を，次第に自ら考えていけるようになります。個に応じた指導は１時間だけでなく，１年間あるいはもっと長い期間を見据えて，計画的に実施されなければその効果が出ません。またその際，問題を考えるための教具であるテープ図（線分図）や２本の数直線等を問題解決で場当たり的に取り入れるのではなく，学年や領域を跨いで一貫して子どもに提供することが重要です。

（早田　透）

(2) 協同学習による指導と評価

協同学習とは，全員が到達目標を共有し，互いに助け合いながら協力して学び合うことで，学習成果を高める学習方法です。

「きょうどう」の表記には「協同」「協働」「共同」があります。平成29年度告示の学習指導要領では，「協働」と表記されています。これらの厳密な定義は，立場や分野により異なります。例えば，集団内で分担をして作業を行う「共同」，集団内で共有していく「協働」，集団内で成員が目標を達成するために相互作用を行う「協同」等として区別されます（秋田，2000）。本書では，この指導法の第一人者ともいえるジョンソン兄弟の見解にしたがって，「協同学習」と表記します。

協同学習は，一般に少人数グループでの形態を前提とされますが，協同の本義は，「共有する目標に到達するために，互いに助け合いながら取り組む」ことですので，必ずしも少人数グループのみを前提としていません。そこで，本稿では，少人数グループによる協同学習を中心に述べますが，一斉指導における協同学習についても述べていきます。

少人数グループによる協同学習を取り入れることにより，学習の理解の深まり，対人関係技能の向上や多様な考えを受容する態度の育成などが期待できますが，協同学習が成立するためには条件があります。例えば，協同学習には右の５点の基本的構成要素が含まれていなければなりません。

①相互協力関係の明確な認識
②対面的・積極的相互作用
③目標達成という個人の責任自覚
④適切な対人的技能の利用
⑤定期的なグループ内での改善手続き

これらの条件を踏まえて，指導上留意すべきことが４点あります。第１に，人数は３～６人を基本とすることです。人数が多ければその構図は必然的に複雑となり，指導が難しくなります。その際，グループを等質・異質のどちらの観点で編成するのかを考えることも重要です。第２に，役割分担を明確にすることです。役割分担を明確にすることで，子ども一人ひとりが学習活動に参加しているという意識を強く持つことができます。第３に，協同するに値する学習課題を提示することです。数学的に深まりのある課題や多様な考えが生まれるような課題を設定することが重要です。協同することは目的ではなく，手段であることに注意が必要です。第4に，グループ間の協同を促すことです。グループ内での学習を高めると同時にグループ内での成果について，グループ間で説明し合いながら共有して高めていくという多重的な協同学習が重要です。

グループによる協同学習には，様々な形態があります。例えば，ジグソー法（Jigsaw）です（図10－2）。杉江（2011）によると，まず，ホームグループで課題，情報，考え方，問題の解き方等を分担します。次に，分担したテーマごとに，専門グループを編成します。1つのテーマの理解を深めるとともに，ホームグループの友達に説明する準備をします。最後に，ホームグループに戻り，自分たちが話し合った解き方について説明し合います。全員に明確な役割があるため，責任を持って話し合う環境づくりができ，互恵的な協同学習になることが期待できます。

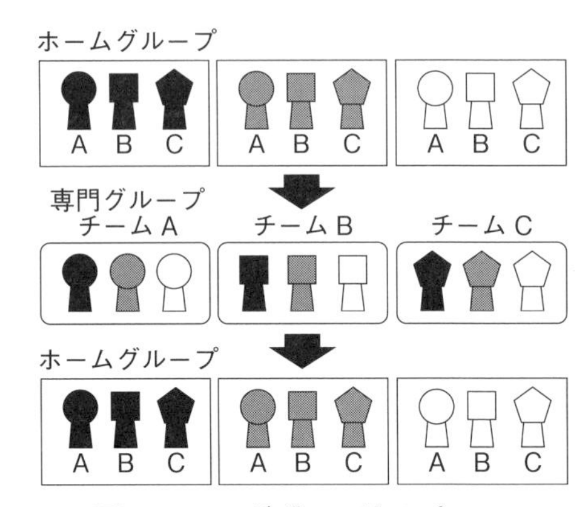

図10－2　ジグソー法のプロセス

一斉指導における協同学習では，練り上げ場面等に相当します。この場面でも，目標を共有し，多様な考えを練り上げていくことが重要です。それぞれの考えのよさを認めつつも数学的に価値がある考えへと高めていくことが重要です。例えば，平成29年告示の学習指導要領では，「論理的，統合的・発展的」という価値が取り上げられています。

そして，協同学習では，子どもの発話等を，明確に板書に残し，子ども達の考えたプロセスを常に振り返ることができるようにすることも忘れてはなりません（谷・小原，2014）。

「話し合えばよいアイデアが生まれる」という願望に囚われず，達成すべき目標を明確に設定し，それを共有する手立てが必要です。協同学習に対して「活動あって学びなし」という批判があるように，活発に発話が飛び交っていても学びが深まっていないことが少なくありません。子どもの学習が協同学習として実りを得たのかを反省的に見つめ直すことが重要です。

（谷　竜太）

(3) 習熟度別指導による指導と評価

習熟度別指導とは，児童の，学習内容の習熟度に応じて編成した，学習集団で行う指導です。習熟度別指導は，個に応じた指導を目指す中で試みられてきました。学習集団を少人数に分けて指導することにより，一人ひとりの児童に対して，きめ細かい指導を実現し，そのことによって指導の効果を高めることをめざしています。

習熟度別指導を導入した当初は，学習者を，その習熟度に応じて，授業者が各コースに割り振ることもありました。授業者の判断による編成によって，より的確な指導が可能ではないか，と考えられたからです。しかし授業進度のずれが生じたり，主体的学習にならない場面も多く見られました。今では，次の４点に着眼した習熟度別指導が多くなりました。第１に，コース編成のしかたです。２学級を３コースなどに分けますが，指導内容も勘案して，各コースの児童数を決めます。第２に，児童自身が自らコースを選択します。必要に応じて教員が児童の相談に乗ります。第３に，教科書の進度はどのコースも共通にして，学習内容の深度を変えます。第４に，学習目標は，コースごとに設定します。

平成19・20年度の全国学力・学習状況調査の結果には，習熟度別指導の成果が示されています。第１に，習熟度別指導を行っている学校の平均正答率が高いことです。しかも習熟の遅いコース，習熟の早いコースともに，平均正答率が高くなりました。第２に，習熟の遅い児童に対する学力の底上げの効果です。習熟度別指導を多く行った学校の方が，そうでない学校よりも，習熟の遅い児童の学力向上が確認されました。第３に，習熟の早い児童に対する発展的指導の効果です。習熟の早い児童に発展的指導を多く行った学校の方が，学力上位層の児童が多くなりました。第４に，関心・意欲・態度を高める効果です。質問紙調査結果から，習熟度別指導を多く行った学校の方が，算数の学習に対して「好きでない」「大切だと思わない」「内容がよくわからない」という回答が少ないことがわかりました。学習者の状況や，学習内容によりますが，概して，習熟を高める学習場面では有効な手だてといわれています。

一方，習熟度別指導では，気をつけておくべきことがらがあります。第１に，少人数による学習形態が，功を奏する学習場面と，そうでない場面があることです。習熟度別指導が，どの学習指導においても有効であるとは，言い切れません。多様な考えを発表し，それらを共有する学習場面では，習熟度別指導の効果が見込めないことがあります。あまり算数が好きではない児童でも，算数的発想が豊かなことがあります。学習内容によって，元の学級に戻って授業を行うような計画を立てておく必要があります。第２に，児童の習熟の状況に応じて，コースを適宜変更できるようなシステムにしておくことです。例えば，通分の学習では，その原理を理解してから，通分の計算に習熟するように指導します。通分について，習熟の遅い児童には，もう少し説明をしてあげる必要があるかもしれませんし，通分する作業にじっくりと考える時間が必要かもしれません。こうした児童の場合，習熟の程度が上がるまでは，習熟の遅いコースにいる方が，学習効果が上がる傾向にあります。しかし，理解が深まり，形式的処理にも慣れたら，このコースではない方がよいでしょう。児童の活動を的確に評価し，コース変更に自由度があるような習熟度別指導であれば，恒常的な学習効果が見込めます。佐藤（2004）は，習熟度別指導の有効性について疑問視していますが，児童の実態やニーズに応じて適切に取り入れれば，習熟度別指導は，有効な指導法であり続けるでしょう。

習熟度別指導は，授業者が協働して学習指導案や教材，評価問題を作成したり，授業後に綿密に打ち合わせを行うことで成り立ちます。教員同士の議論で，評価の観点も明確になっていきます。この協働によって，児童全員が習熟すべきことを明確にすることもできます。習熟度別指導と評価が一体化しなければ，学習指導の方向を見失ってしまいます。

（金児　正史）

第2節　基礎的指導法の指導実践

(1)　個に応じた指導の実践

小学校2年生で，次の問題に子どもが取り組むことを考えます。

> 公園に子どもが何人かいましたが，5人が帰りました。その後，9人きたので，のこりが12人になりました。子どもは，はじめに何人いたでしょう。

この問題では，いわゆる逆思考が必要になり，一般には難問といわれています。12+5＝17，17−9＝8の計算によって「こたえ8人」と導き出す上で，問題場面における数量関係をつかむことが難しいのです。それでは，どのように指導すればよいのでしょうか。単に「考えてごらん」と教師が言っても，子どもは何をどう考えていいかわかりません。前節で指摘したように，考える道具としての図を普段から用いておくことが重要なのです。この場面では図10－3で表されるテープ図を用います。子どもがこのような図を書き上げたならば，「17−9＝8」という式を立てることができます。すなわち，場面を図に表すことで，数量の関係を把握することを求めます。しかし，図に書き込んだ値で量を表す（メタ表記）ことは，この段階の子どもにとっては困難です。そこで，それぞれの量を別個のテープで表すと，子どもがより操作的に問題を考えることができます。このように4本のテープで2列に表し直したものが図10－4です。

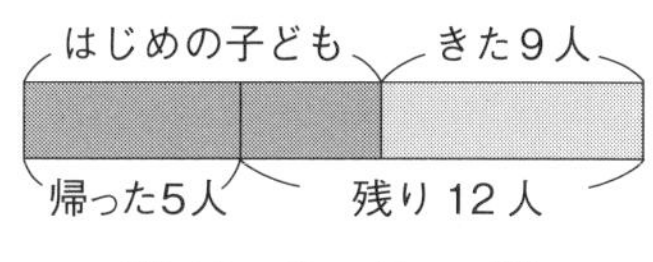

図10－3　テープ図

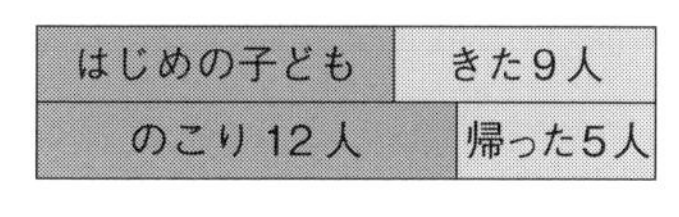

図10－4　テープ図

しかし，問題場面の数量関係が見えていない子どもは，ここまで適切に配置することまではできません。そこで，まず「はじめの子ども」と「帰った5人」の関係を考えると，図10－5の2つの場合があります。もし左図を書いた子ども

図10－5　解決途中のテープ図

がいたら「５人帰ったのに，はじめの子どもより増えるの？」と示唆するとよいでしょう。次に，「きた９人」は「はじめの子ども」に対してはっきり増えているので，図 10－６を書くことができます。そこで，図の空白に該当する量（＝テープ）は何かと促せば，まだ問題で扱っていない「のこり 12 人」が当てはまり，

はじめの子ども	きた９人
帰った５人	

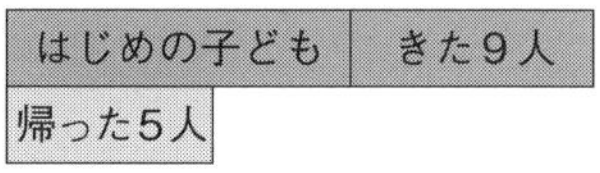

図 10－６　完成間際のテープ図

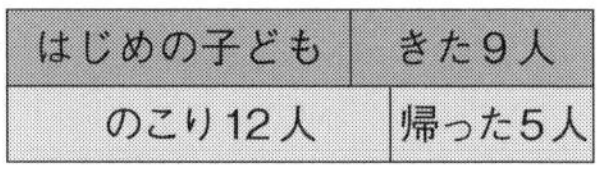

はじめの子ども	きた９人
のこり 12 人	帰った５人

図 10－７　別の表し方

図 10－１のように完成し，それを元に 12＋５＝17，17－９＝８を計算できます。 また，図を必要とせず問題が解ける進んだ子どもには，あえて様々な図を書くよう促し，その計算の意味を考えさせるとよいでしょう。例えば，図 10－３からは 12－９＝３，５＋３＝８という計算も示唆されます。また，図 10－７のような図からは９－５＝４，12－４＝８という計算が示唆されます。その自らの計算における各々の数の意味を考えて友達に説明することで，図を自らの考えについて深めて他の人に上手く説明する道具として理解することが期待されます。このようにして，遅れがちな子どもに対しても進んだ子どもに対しても，それぞれの学びを着実に進めるための実践的な手立てが具体的に議論できます。

（早田　透）

⑵　協同学習による指導実践

14 個のあめがあります。
1 人に 3 個ずつ分けます。
何人に分けられますか。

第 3 学年の子どもがこの問題を見たときに，既習である「わり算」の学習を使って，14÷ 3 になると考えます。この式に対して，数名の子どもが「え？　これだと……」「おかしいよ！」「12 個じゃないの？」とつぶやきます。

1)　少人数グループによる協同学習

「え？　って言った人の気持ちはわかる？」と問いかけ，おはじきをお皿に分けるという操作しながらグループで話し合う時間を取ります。すると，「わかった！　あめがあまるんだ」という声が聞こえてきます。

図 10－8　グループでの協同学習

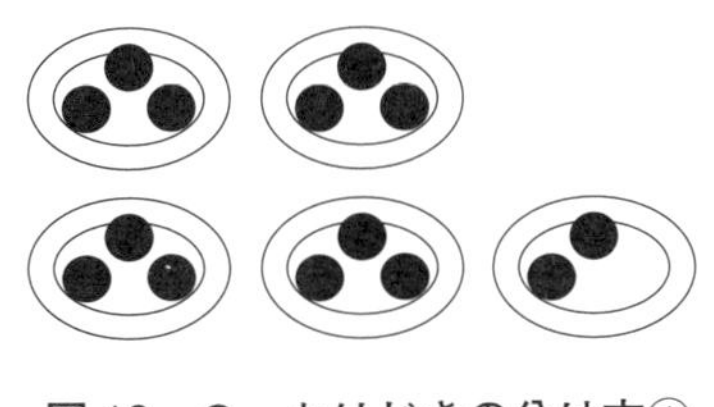

図 10－9　おはじきの分け方①

あるグループの子どもたちはおはじきを分けていきます（図 10－ 9）。そのグループの A さんは，あまっているのがどこなのかを理解できません。このとき，教師が介入し，「A さんがわからないって言っている気持ちはわかる？」と問います。A さんの考えを，理解しようと話し合い，全てのあめがお皿の上に乗っているからだと気付きます。そのとき，1 人の子どもが，「このお皿があるからわからないんじゃない？　だって，3 個ずつもらえるのは 4 人なんだから，お皿は 4 枚じゃないとおかしいよ」と言って，1 枚取り除きました（図 10－10）。このように分けることで，どれがあまりのあめなのかを理解することができます。

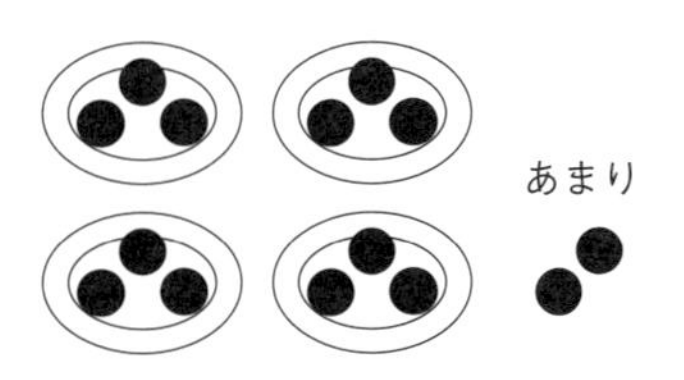

図 10－10　おはじきの分け方②

学習課題を共通理解するために役立つ，グループでの協同学習です。このとき，難しい問題をグループで考えるだけでなく，学習のスタートとなる課題の共通理解も重要です。

2） 一斉指導における協同学習

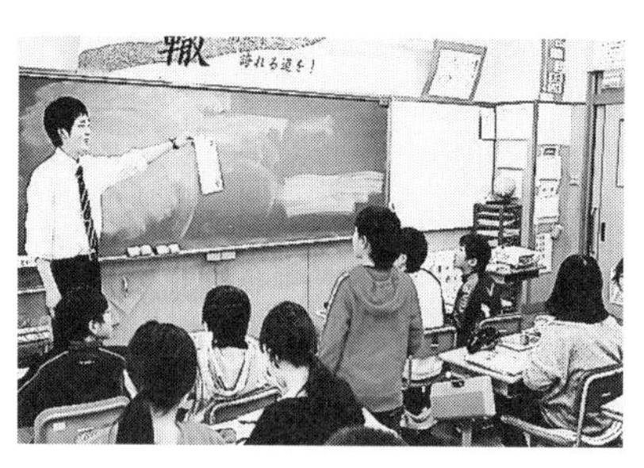

図 10－11　一斉指導による協同学習

上記のグループでの協同学習を終え，14÷３＝４あまり２という表記の指導を例に考えましょう。

授業の冒頭で「14÷３という式を見て，え？　って言った人の気持ちはわかったかな？」と尋ねると，「あめがあまります」と答えます。そのとき，Ｂさんが「あめが足りないとも考えられるんじゃないかな？」とつぶやきます。それに対して，「足りないんじゃなくてあまっているよ」という意見が出ます。この場面で，「Ｂさんは，どうして足りないと考えたんだろう？」と尋ね，この問いについて話し合います。まず，Ｂさんが「５だと１つ足りません」と話します。このとき，多くの子どもは理解できず，「５って何なの？」「足りないってどこのこと？」と言います。次に，先ほどのＡさんが「わかった！　５人に分けようとしている！」と付け加えます。これをきっかけに，黒板上で，お皿を増やし，「ここにもう１つあれば５人に分けられるんだけど……」「もう１つあれば15÷３になって５人に分けられる」等の発話が出てきました。

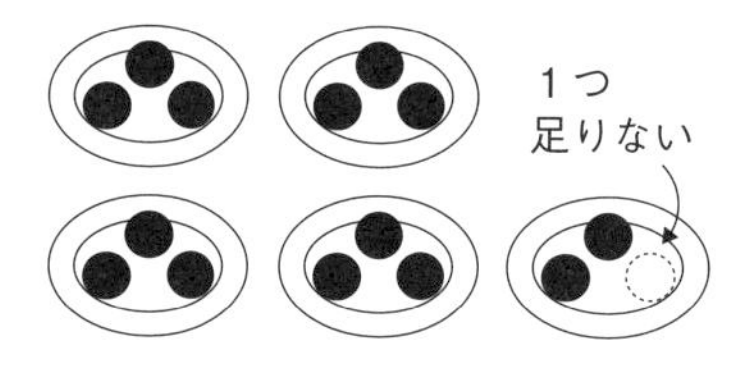

図 10－12　１つ足りないことの説明

最後には，14÷３＝４あまり２という表記を指導します。このときにも，子ども達は，「Ｂさんの考えだと14÷３＝５足りない１って表せるね」と発言していました。子ども達の見方が豊かになった一例です。

協同学習において重要なのは「相手の思いや考えを理解しようと聞くこと」「相手の目線で話すこと」だと思います。そのために，聞き手には，「どうしてそう思ったのだろう？」「この人の気持ちはわかるかな？」と問い，話し手には「なぜ伝わらないんだと思う？」「どうすれば伝わるかな？」等と子ども達へ投げかけていくことが必要です。

気付いたことや困っていることを出すことが子ども達の見方を豊かにしたり，問題解決のきっかけになったりします。

（谷　竜太）

(3) 習熟度別指導の実践

ここでは，第５学年の異分母分数の加減の学習場面を取り上げて，２クラス３コースの習熟度別指導の実践を示します。

1) 習熟度別指導のコース編成

グループ編成に際し，教師は，指導と一体化した評価規準を視野に入れながら，児童の習熟度を把握する必要があります。また，これまでの既習事項の理解度も勘案しながら，児童が希望する，習熟度別指導コースでの学習を促します。そのためには，事前に行うオリエンテーションで，どのような学習内容をどのように学ぶコースなのか，明確に伝えることが重要です。最初は上手にコースを選択できなくても，児童が徐々に自分の学習状況を捉え，自分に合った学習形態を選択できることをめざします。多様な児童に対応するコースへの参加児童数は，少なく見積もり，より個に応じた対応ができるように計画します。なお，児童の希望によってコースを決定する場合，往々にして，教師が想定していない学習段階の児童も含まれます。その場合でも，極力，児童に寄り添った指導を行います。また，各コースで，自分の学習を見直す機会をつくるなどして，他のコースがよいと考えられる児童には，コースの変更を検討するように促す機会を設けることも大切です。

2) 習熟度別指導のコースでの学習の具体例

扱う具体事例の目標は，通分の意味を理解し，正確に形式処理できるようになることです。習熟度別指導の各コースで，学習進度は変えずに，児童の理解度を高めたり考えを明確にする学習について例示します。

異分母分数の加減	児童の活動	教師の支援
習熟の高いコース（分母の数をそろえる必要性がわかる児童）	・通分で大小を比較する問題や加減法の計算をする。 ・形式的処理の的確さに応じて，３つ以上の分数の通分の問題や，教科書の章末・巻末問題に取り組む。	・ほとんどの児童が，分母の最小公倍数を見つけられ，効率よく計算ができる段階にあれば，主体的に，学習に取り組むように促す。

標準的なコース（分母の数をそろえれば計算できる児童）	・教科書に沿って解説を理解する。 ・理解した児童は，演習問題に取り組む。児童の活動を観察しながら，適宜計算問題の答え合わせをする。	・教科書に沿った指導を行う。教科書の解説を理解できているか，注意深く観察する。 ・児童の状況に応じて演習問題を指示する。
個別の多様な指導が必要なコース（通分の意味がわからない児童）	・通分の原理を教科書に沿って理解する。 ・異分母の分数の積を分母として通分する児童が，約分すれば，最も簡単な分母になっていることを理解する。そして，分母の公倍数よりも最小公倍数がよいことを実感させる。	・通分の原理を，教科書に沿ってよりていねいに指導する。状況によっては，公倍数や最小公倍数の復習をする。 ・教師は，児童からの質問に答えるなど，支援が児童に対して，個別に対応する。

習熟の高いコースでは，２つの分数の大小比較や２数の加減にとどまらず，$1\frac{3}{4}+\frac{1}{3}$や$\frac{1}{2}+\frac{1}{3}+\frac{1}{4}$のように，帯分数や３つ以上の分数の加減の計算問題にも，主体的に取り組むようにします。教師は児童の必要に応じて，質問などを受けます。標準的なコースは，通常の授業をイメージしたコースです。通分の原理も確実に解説し，児童が計算の意味や原理が分かるように指導します。教師の解説に沿って演習問題にも取り組み，形式的処理が身に付くようにします。多様な指導を必要とするコースでは，異分母の分数の大小関係を比較するのに，通分の原理の理解が必要です。ですから，この原理の，ていねいな解説が必要です。また，通分した分数の分母が公倍数になっている児童がいても，計算の手順を理解することを優先し，原理を理解してから，より効率のよい計算方法を指導します。

学習指導要領は，豊かな算数的活動の授業を行うことで，児童が主体的に学ぶ態度を身に付けられるようにすることを求めています。教師は児童の学習状況を把握し，必要に応じた習熟度別指導を加味して，算数科の目標が定着するよう，工夫していくことが大切です。上級学年の学習内容も把握して，授業を実施することも求められているのです。

（金児　正史）

第11章

算数科における発展的指導法

この章では，日本独自の研究による発展的な指導方法である，問題づくり，オープンアプローチ，そして山登り式学習法について，その特徴と課題について概説します。

第1節　算数科における指導法と評価

(1)　問題づくりによる指導と評価

算数・数学の学習指導では，「教師が一方的に提示した問題を子どもが解き，その類題を練習して締め括る」という問題解決をとおした技能習熟型の指導形態に偏りがちです。そして，これから述べる「問題づくり」の指導法は，「問題→答え」の構図に形式化，固定化しがちな指導形態の行き過ぎた適用に対するアンチテーゼともいえます。

従来から算数・数学の授業において重視されてきた問題解決（Problem Solving）の活動は，例えばポリア（Polya, G.）が指摘するように，①問題を理解する（Understanding tne Problem），②計画を立てる（Devising a Plan），③計画を実行する（Carrying Out the Plan），④振り返る（Looking Back）という4つの相で捉えられます。すなわち，既に存在する問題が活動の起点となっています。しかし，構造，意味，現象……などといったものを活用した問題づくりをとおして，それらを深く理解することが，算数科における指導法の1つとして位置付けることができるのです。

歴史的に見ても，子ども自身が問題づくりを行うという活動自体は，なされていました。例えば日本では，昭和初期に作問中心の算術教育を展開した先駆者として清水甚吾がいます。

またオープンエンドアプローチの分枝的研究として着手された問題づくり研究「問題から問題へ（竹内，澤田 1984）」では，問題の発展的な扱いによって子どもの受動的態度を積極的なものに改める上での授業展開が整理されています。この「問題から問題へ」には，子どもの実生活上の経験に限らず純粋数学上の問題をも原問題として認めること，つくった問題を解くことよりも新たな問題をつくり上げるプロセスに重きを置くことなどの点から，旧来の問題づくりの指導とは一線を画する優れた実践事例が盛り込まれています。

また問題づくりをより効果的に進める上で，ブラウンとワルターによるよるWhat-If-Not（でなければどうか）方略が世界的に知られています。この方略は以下のような水準を辿っていきながら進められます（Brown, Walter, 1983）。

第０水準：出発点の設定（具体物や既知の定理）
第Ⅰ水準：属性の目録づくり（抽出して列記する）
第Ⅱ水準：属性の変更（What-If-Notによる原問題の改変）
第Ⅲ水準：新たな問いの作成（新たな条件に基づいた問題の設定）
第Ⅳ水準：問題分析（新問題を解く上での諸条件の必要十分性の確認）

What-If-Not方略による問題設定の水準

What-If-Not方略に基づいた系統的・意図的展開によって，問題づくりの授業は，場当たり的なものから，段階を追って算数の内容理解に向かっていきます。

問題づくりの指導の利点は次の２点です。第１に，数学的な意味・現象・構造……に対する洞察が可能になることで，学習内容への理解が深まることです。第２に，条件不足や過多，場面の妥当性などに配慮しつつ，算数・数学に対する能動的な態度や創造性の育成が期待できることです。その半面，マイナス要素もあります。子どもの問題づくりの活動をオープンにし過ぎると，子どもは思いのままに多種多様な問題をつくるため，当該学年の段階では回答不能な問題になってしまったり，せっかくつくった問題が吟味・評価されないまま放置されてしまうことがあります。評価に手間がかかってしまうということも容易に想像がつきます。教育機器を活用するなど，今後も実践面からの探究が期待されています。

（前田　一誠）

(2) オープンアプローチによる指導と評価

オープンアプローチとは,「解の存在が一意であることを尊重しながら,解決の過程では,多様な処理や表現を通して,また,発展性のある問題など数学本来の自由性を保障することによって,子どもの自由性を尊重しながら,創造性の育成をはかる指導」です。その提唱者である能田伸彦は,オープンアプローチによる指導の特徴を「子どもと数学の両方を開く働きをもった展開」であると主張しています。「子どもを開く」とは,子どもの多様な興味関心を活かしつつ知的正直さを伸ばすという意味であり,「数学を開く」とは,問題の解答及び解答方法の多様性を保証することを意味します。このオープンアプローチは,オープンエンドアプローチと混同されることがありますが,前者は後者を思想的に包含したものであり,一般・特殊の関係です。両研究の端緒は1971年より6年間にわたって実施された文部省特定研究『数学教育における高次目標の評価方法に関する開発研究』(代表者島田茂)にあります。オープンエンドアプローチは,「未完結な問題を課題として,そこにある正答の多様性を積極的に利用することで授業を展望し,その過程で,既習の知識・技能・考え方をいろいろに組み合わせて新しいことを発見していく経験を与えようとするやり方」と定義されており,その提案するところの明晰さと具体性ゆえに現在でも大きな価値をもつ日本独自の誇るべき画期的な指導法です。そこで用いられる未完結(Open-ended)の問題は,第一線の数学教育者の英知を集めて開発された珠玉の問題と言えます。しかし一方で,その問題の開発は難しく,また導入できる授業場面が限られており,日々の授業で常用しやすい性格のものではありませんでした。そこで能田は,このオープンエンドアプローチの“オープン”に関わる条件を緩めること,すなわち「エンド(解答及び授業の終結)」だけではなく,「プロセス(問題解決の過程,及び取り組む子どもの心性)」

高次目標
問題場面に当面して,その場面を適切に数学化し,処理できること

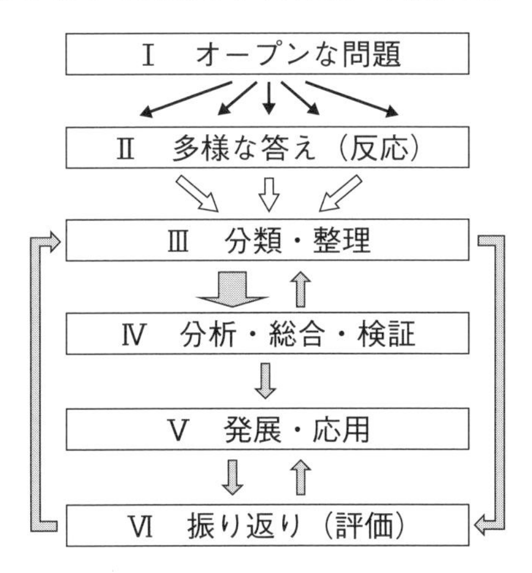

図 11－1 オープンアプローチによる学習指導の設計モデル(青山,2011)

を開くことで，小中学校でより実用性の高い指導法として提唱しています。

このオープンアプローチのもつ利点を整理すると，第1に，その論理性，抽象性，形式性ゆえに学問的に既に出来上がった対象とみられがちな算数・数学に対して，子ども独自の主体的な関与を可能にすることです。第2に，そのオープン性ゆえに，一人ひとりの学力や興味に応じた多様な解法が許容されることで，個に応じた指導が実現することです。第3に，従来の収束的な問題解決過程に発散的なプロセスを取り入れることで子どもの発想が豊かになり，創造性の育成が期待できることです。このオープンアプローチの理論と実践方法は，その提起から30年以上の月日を経て徐々に浸透し，小学校，中学校での優れた実践例が教科や国境を超えて多々報告されるに至っています。その更なる発展的継承が世界的に期待されています。

（マイトリー・インプラシッタ）

⑶　山登り式学習法による指導と評価

1)　山登り式学習法のねらい

山登り式学習法は，齋藤昇（1999）によって開発された新しい学習指導法です。山登り式学習法は，「学習構造チャート」，「関係の理解表」，「課題発見表」の３つを学習教材として使用することによって，**ア**）基礎的・基本的な知識や技能をしっかりと身に付け，**イ**）構造的・体系的思考を活性化して知識や情報の機能的なネットワークをつくり，**ウ**）問題解決能力を高めるとともに，**エ**）創造性の基礎を培うことをねらいとしています。

山登り式学習法は，学力の低い子ども，中程度の子ども，高い子ども，すべての子どもに適用できます。

2)　山登り式学習法の指導手順

1　教師の教材作成

教師は，新しい単元の授業を始める前に，あらかじめ３つの教材を作成します。

① 「学習構造チャート」の作成

学習構造チャート
単元の内容からキーとなる学習項目をいくつか抽出し，単元の相互関係を視覚的に表した図

教師は，単元の指導内容からキーとなる学習項目を６～12 個抽出し，関係ある学習項目を矢線で結び，全体を階層的に配置し「学習構造チャート」をつくります（図 11－４）。

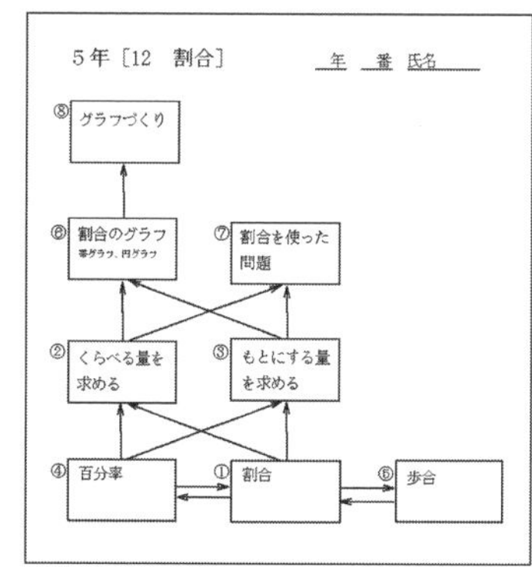

図 11－２　学習構造チャート

② 「関係の理解表」の作成

学習項目間の矢線それぞれについて，どんな関係があるのかを記述表現させるための「関係の理解表」をつくります（図 11－５）。

③ 「課題発見表」の作成

学習項目それぞれの内容について，さらに深く探究したい事柄を記述表現させるための「課題の発見表」をつくります（図 11－６）。

5年　12 割合　　　年　番　氏名

関係	理由 （「……だから」，「……なので」のように書く。）
①──→②	
①──→③	
①──→④	
①──→⑤	
②──→⑥	
②──→⑦	
③──→⑥	
③──→⑦	
④──→①	
④──→②	
④──→③	
⑤──→①	
⑥──→⑧	

図 11－３　関係の理解表

2　指導手順

授業では，作成した３つの教材を子どもに配布し，次のような手順で指導します。

5年　12 割合　　　年　　番 氏名

ことがら	理解度	・疑問に思ったこと ・もっと深く調べてみたいこと
①割合		
②くらべる量を求める		
③もとにする量を求める		
④百分率		
⑤歩合		
⑥割合のグラフ 帯グラフ、円グラフ		
⑦割合を使った問題		
⑧グラフづくり		

図 11－４　課題発見表

手順１：「学習構造チャート」の余白には，「学習項目の説明」「公式」「児童が自らつくった問題と解答」等を記入させ，学習項目の意味や内容をしっかりと定着します。「関係の理解表」には，学習項目間の関係の理由を記入させ，構造的・体系的関係の理解を深めます。「課題発見表」には，「疑問に思ったこと」「もっと深く調べてみたいこと」を記入させ，課題発見能力を身に付けます。

手順２：単元の学習の終了時点で，アクティブラーニングによる単元全体のあらすじ発表・討議を行い，よりしっかりとした知識のネットワークを身に付けます。

これらの活動を通して，児童は基礎的・基本的な知識や技能を身に付けて，問題解決能力や創造性を高めていきます。

3)　山登り式学習法による評価

山登り式学習法は，外面的な評価と内面的な評価の両方ができます。外面的には，記述・口述表現力，課題発見力，問題解決力及び創造性を評価できます。内面的には，「学習構造チャート」「関係の理解表」「課題発見表」の記述内容から，児童が頭の中で，各学習項目・学習内容・全体の構造的な関係をどのように捉え，考え，理解しているかといった心的な思考力，意欲・探究心等の態度の評価ができます。

山登り式学習法を実施したこれまでの結果では，学力や関心・意欲が国内の実践では 10 ～ 20 %，外国の実践では 20 ～ 35 %，創造性は５～10 倍高まったことが報告されています（齋藤，2004）。

（齋藤　昇）

第2節　発展的指導の実際

(1)　問題づくりの実践

全国学力・学習状況調査をはじめ，国内外で実施された，過去の大規模調査からは，日本の子ども達の計算に関する実態が見えてきます。

例えば，平成20年度の全国学力・学習状況調査・小学校算数Ａ１(6)の問題。「２÷３（商を分数で表しましょう。）」の正答率は，73.8％。0.66，0.67など，商を小数で表しているものも含めると，正答率は76.7％でした。対して，平成22年度に実施された全国学力・学習状況調査・小学校算数Ａ２(2)の問題「２Ｌのジュースを３等分すると，１つ分の量は何Ｌですか。答えを分数で書きましょう。」の正答率は，40.6％。0.66，0.67など，商を小数で表しているものを含めても，正答率は41.1％にしかなりません。どちらも，「２÷３」の問題なのに，文章題となると正答率が30％以上も落ち込んでしまっています。

この傾向は，この調査結果に限ったことではありません。日本の子ども達は，総じて計算の仕方はわかっているといえるでしょう。それを使って正しく計算し，正しい答えを導き出すことも相当数の子どもができています。しかし，一転して，文章題から立式させると，途端に正答率が落ちてしまっているのです。

調査結果が示すように，計算が，どんな意味をもっていて，どんな場面で用いられるのかをわからないでいる子どもが少なくありません。

こんな現状を改善するために，「問題を解く」ばかりやらせるのではなく，「問題をつくる」ことを増やせばよいと考えています。

このことは，前節で述べた通り「作問学習」と呼ばれ，古くから実践されてきました。文章題の構造や式の意味をとらえるためには，それらを，部分に分けて「見える」ものにし，子ども達に「触れ」させることが有効です。したがって，見えて触れる作問学習は，文章題の克服や式の意味を理解させるのにうってつけの活動で，効果があります。しかし，残念なことに，子どもにとっても，教師にとっても大変手間がかかり，子どもが作った問題を評価するにも大変な労力と時間を要します。そのため，これまで，指導法として一般化されなかった側面もあります。教科書にも，作問学習は盛り込まれてはいますが，ほんの少しです。

そこでここで紹介する実践は，マイナス面の克服も考慮したものです。右図は「i3Monsakun（モンサクン）」という問題づくりのソフトです。

このソフトは，作問のための単文カードを準備し，カードを組み合わせて問題をつくらせます。そのため，これまで不可能だった，短時間で多くの作問（10分程度で平均20問）が可能となったのです。さらには，作問の評価（正誤判定・誤答分析・アドバイスまで）も，機械が行います。

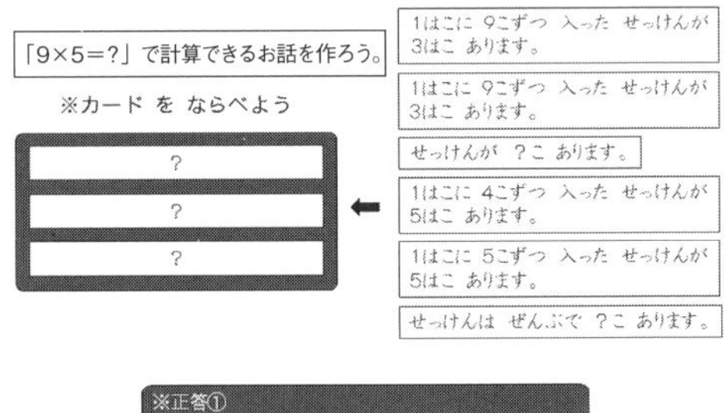

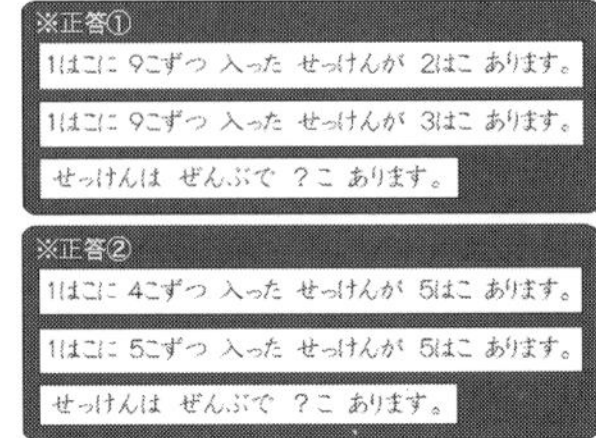

図11－5　「i3Monsakun」の活動例
※下は，単文カードを組み合わせた正答

ここにあげた学習課題は，「『9×5＝？』で計算できるお話を作ろう。」です。子ども達は，右上の6つの単文カードから3つを組み合わせて（左上の3つの枠にあてはめて）問題づくりを行っていきます。その際，9×5というかけ算の意味をとらえていくことになります。

子ども達は，作問を通して，文章題の構造とともに，計算が，どういった意味をもっていて，どのようなときに用いられるのかを理解していきます。問題づくりをくり返し経験させていくことによって，先の調査結果が示す状況を克服する一助になります。

（前田　一誠）

(2) オープンアプローチの実践

表 11－1 九九表

	1	2	3	4	5	6	7	8	9
1	1	2	3	4	5	6	7	8	9
2	2	4	6	8	10	12	14	16	18
3	3	6	9	12	15	18	21	24	27
4	4	8	12	16	20	24	28	32	36
5	5	10	15	20	25	30	35	40	45
6	6	12	18	24	30	36	42	48	54
7	7	14	21	28	35	42	49	56	63
8	8	16	24	32	40	48	56	64	72
9	9	18	27	36	45	54	63	72	81

ここでは，九九表の性質を見つける活動について述べます。九九表は，第２学年で初めて導入される教材ですが，第２学年の学習内容に留まらず，中学年や高学年においても取り扱える，非常に発展性のある教材です。予想される解答をいくつか示します。

九九表の性質に関する授業では，一般的に次の２つの事柄に気付かせます。

① かけ算では，乗数が１増えると，答えは被乗数だけ増える。

② かけ算では，被乗数と乗数を入れ替えて計算しても答えは同じになる。

九九表から見つけるきまりは，１）数の並び方，２）数の和，３）数列という概ね３つのタイプに大別できます。

表 11－2 数の並び方に関するきまり

	1	2	3	4
1	1	2	3	4
2	2	4	6	8
3	3	6	9	12
4	4	8	12	16

1) 数の並び方に関するきまり（表 11-2）

① 対角線に関して対称である。

2) 数の和に関するきまり（図 11-5）

① 各行・各列の和は 45 の倍数である。

② 長方形で囲まれた数の和は（5 + 6 + 7 + 8 + 9）×（6 + 7 + 8）で求められる。

被乗数＼乗数	5	6	7	8	9
6	30	36	42	48	54
7	35	42	49	56	63
8	40	48	56	64	72

図 11－6 数の和に関するきまり

このように，長方形で囲んだ数の和は，個々の数を足すだけでなく，乗数の和および被乗数の和をかけた数としても求めることができます。

③ 正方形の四隅の数の和は，その正方形の中心の数の４倍である。

このきまりの発見は，九九表の四隅の

数（1，9，81，9）の和が100になるという発見が発端になります。その内側の正方形（表11-3；実線）で考えることによって，どんな場合でも，中心の数の4倍であるということ気付くことができます。あるいは，正方形の四隅の数は中心の数の4倍になることを帰納的に確認した後，回転させた正方形（表11－3；破線）と発展することもできます。

表11－3　数の和に関するきまり

	1	2	3	4	5	6	7	8	9
1	1	2	3	4	5	6	7	8	9
2	2	4	6	8	10	12	14	16	18
3	3	6	9	12	15	18	21	24	27
4	4	8	12	16	20	24	28	32	36
5	5	10	15	20	25	30	35	40	45
6	6	12	18	24	30	36	42	48	54
7	7	14	21	28	35	42	49	56	63
8	8	16	24	32	40	48	56	64	72
9	9	18	27	36	45	54	63	72	81

3）　数列に関するきまり（表11－4）

①　表11－4のような見方をすると，それぞれの数の和は，ある数を3乗した数である。

例）$1 = 1 = 1^3$

$2 + 4 + 2 = 8 = 2^3$

$3 + 6 + 9 + 6 + 3 = 27 = 3^3$

②　対角線の数は，すべて平方数である。

例）$1 = 1 \times 1 = 1^2$，$4 = 2 \times 2 = 2^2$，

$9 = 3 \times 3 = 3^2$

表11－4　数列に関するきまり

	1	2	3	4	5	6
1	1	2	3	4	5	6
2	2	4	6	8	10	12
3	3	6	9	12	15	18
4	4	8	12	16	20	24
5	5	10	15	20	25	30
6	6	12	18	24	30	36

上に示したきまりはごく一部であり，子どもはさらに多様なきまりを発見します。授業においては，発見したきまりの発表のみに留まるのではなく，各々の性質への多様なアプローチから，そのきまりの一般・特殊などの構造に迫ることが重要です。また，なぜこのきまりが成り立つのかなどの新たな問いを立て，問題を発展的に追究していくこと考えられます。

（ナルモン・チャンジャニ）

⑶　山登り式学習法の実践

1)　授業のねらい

5年「単位量あたり」の単元の授業において，基礎的・基本的な知識や技能を確実に定着し，構造的・体系的思考を活性化し，思考力，表現力，創造性を高めることをねらいとして「山登り式学習法」を実施しました。実施においては，特に深い学びを実現し，数学の概念や本質を身に付け，新たな知や価値を生み出す力のもとになる知識の機能的なネットワークづくり，課題発見能力，及び問題解決能力を高め創造性を伸ばすことに力点を置きました。

2)　実施学年・指導単元・人数等

小学校5年「11　単位量あたり」 2クラス　54人。

3)　指導方法

単元の学習前に，単元「11　単位量あたり」について，3枚の教材シート，「学習構造チャート」「関係の理解表」「課題発見表」を作成しました。学習構造チャートは，間違いがないかを確認するために2人の先生にチェックをお願いしました。指導は，次のような手順で行いました。

手順1：単元の授業の1時間目の初めに，あらかじめつくった3枚のシートを子ども達に配布しました。

手順2：「学習構造チャート」の余白には，学んだ内容を振り返ったりまとめたりする活動を通して，基礎的・基本的な知識や技能をしっかりと身に付けることをねらいとして，各学習項目の「まとめ」「公式」「例題」等を記入させました。例題は，教科書の例や練習問題を参考にして，自らがつくった問題とその解答を記入させました（図11－12)。「関係の理解表」には，関係の理解を深め，全体の構造的・体系的関係を把握・理解させるために，学習項目間の関係の理由を書き込ませました（図11－13)。「課題発見表」には，もっと深く調べてみたいことがらや，不思議に思ったことがらを書き込ませました（図11－14)。

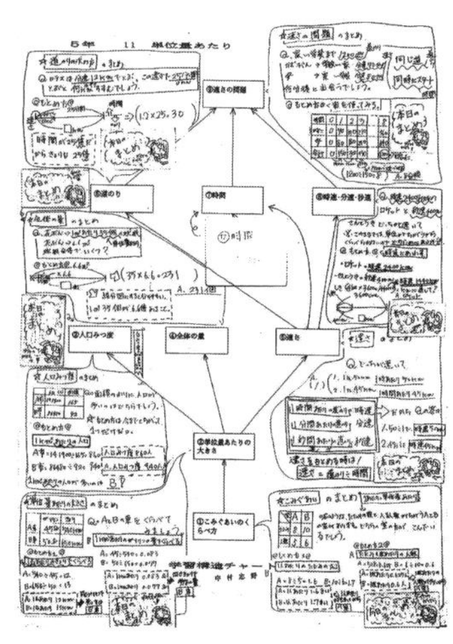

図11－7　児童が記入した学習構造チャート

手順3：単元の学習が半分くらい進んだ時点と終わった時点の２回，３枚の教材シートを提出させ，簡単なコメントを記入して返しました。

手順4：単元の内容の学習が終了した時点で，単元の学習内容全体について，「ストーリー（あらすじ）学習」を２時間行いました。ストーリー学習は，10～15人の少人数グループを編成し，グループごとに発表・討議をさせるアクティブラーニングを行いました（図11－15）。

11　単位量あたり　　5 年　1 組　　番 氏名

矢線	矢線の理由（「……だから」，「……なので」のように書く。）
①→②	こみぐあいのしらべ方と単位量あたりの大きさに入るから。
②→③	人口みつ度は、単位量あたりの大きさとつながっているから。
②→④	単位量あたりの大きさと全体の量とつながっているから。
②→⑤	単位量あたりの大きさと速さがつながっているから。
⑤→⑥	速さと道のりがつながっているから。
⑤→⑦	速さと時間がつながっているから。
⑤→⑧	速さと時速、分速、秒速がつながっているから。
⑥→⑨	道のりの速さもんだいがつながっているから。
⑦→⑨	時間と速さのもんだいがつながっているから。
⑧→⑨	時速、分速、秒速と速さのもんだいがつながっているから。

図11－８　児童が記入した関係の理解表

11　単位量あたり　　5 年　1 組　　番 氏名

ことがら	チェック	疑問に思ったこと，もっと深く調べてみたいこと（「…を深く調べたい」，「…を追求してみたい」のように書く。）
①こみぐあいのくらべ方	◎	くらべ方にもいろいろな方法があったのでおもしろいです。
②単位あたりの大きさ	◎	2つの考え方で、もっとおもしろいものをしてみたいです。
③人口みつ度	△	何万人とか何千人とかがあるので表にまとめてもあまり分かりません。
④全体の量	◎	かんたんにできて、それに単位量あたりの中では、1番かんたんだと思います。
⑤速さをもとめる	◎	1秒あたりの速さなどをいろいろなあらわしかたでやってみたい。
⑥道のり	○	ちょっとちがった式や図ですると どうなるだろう？
⑦時間	○	私たちのみぢかにあるものでやってみたい。
⑧時速・分速・秒速	○	ときどき分速などがちがっていてむずかしいときもあるけどだいたいわかってきた。
⑨速さの問題	◎	きょりをみつけるのが大変だったけど表や図を書くと、きょりがすぐにみつけられた。

図11－９　児童が記入した課題発見表

図11－10　ストーリー学習場面

4)　実践結果

「学習構造チャート」や「関係の理解表」の記述内容から，一人ひとりの児童が頭の中で，基礎的・基本的な内容や意味，構造的・体系的な関係をどのように考えているのかを読み取ることができました。これは，日常の指導や練習問題等では，なかなか得ることのできない体験でした。また，単元終了時のストーリー学習では，単元全体の要点や学習項目どうしの関連を，何も見ないで自らの考えで友達に説明できるようになりました。友達の考えを参考にしながら全体の構造的・体系的関連を理解することによって算数に対する自信を著しく高めたようです。

単元末の到達度テストでは，これまでの授業に比べて，平均点が約20点高まりました。創造性テストでは，他のクラスに比べて，アイディア数が約５倍になりました。

（齋藤　昇）

第12章

算数科における授業研究

この章では，日本の教育文化の礎である算数科における「授業研究」について，その特徴及び現状と課題について明らかにします。

第1節 算数科における授業研究

(1) 授業研究の本質と過程

授業研究とは，教員同士がお互いの授業を建設的に分析・評価して，その指導内容や方法の絶えざる改善を図っていく循環型のシステムです。授業で扱う特定課題の指導法だけではなく，授業準備としての教材研究や当為即妙な授業実施を全て考察の対象として，指導の質を高めていく日本発祥の教育文化です。この授業研究の知見は，特に算数数学科において膨大に集積されており，特に今世紀に入ってから，米国を始め教育改革を図る国々から脚光を浴び，現在では既に世界50ヵ国以上で授業研究が実践されて普及されつつあります。

授業研究の過程は，概ね「事前準備」「授業公開」「事後協議」の三層から成ります。「事前準備」では，研究目標に合わせた教材研究を通して学習指導案をつくり上げます。「授業公開」では，教室で実際に学習指導を行い，「事後協議」では，授業に分析と評価を加える反省会を行います。より詳細には，主として以下の８つのステップを踏んで進んでいきます（Stigler & Hiebert, 1999）。

ステップ(1)　問題の同定

研究を進める上で解決すべき優先的な問題を明確化する。

ステップ(2)　授業の計画

先行研究や教材を分析した上で学習指導の立案を行う。

ステップ(3)　授業の実施

実施上の詳細を段取り，参観者（同僚）に対して授業を公開する。

ステップ(4)　授業の評価とその効果の反省

授業の意図を同僚に説明して，展開上の不備や改善点を共有する。

ステップ(5)　授業の再考

実践上の反省に基づいて教材や発問等を変更することで改定する。

ステップ(6)　再考された授業の実施

より広い範囲で招いた参観者に修正した授業実践を演示する。

図12－1　授業研究の様子

ステップ(7)　再度の授業評価と反省

自評後，質疑応答を行い，招いた外部専門家から助言を受ける。

ステップ(8)　結果の共有

研究成果を整理した報告書をまとめ，

種々の媒体で広く公開する。

他にも研究者によって授業研究の過程を分ける試みは様々ですが，共通しているのは，計画（Plan），実行（Do），分析（Check），改善（Action）というPDCAサイクルを繰り返して，授業を絶えなく改善し続ける点です。研究して実践するというより，実践自体が研究であり不可分なのです。この授業研究を成功的に進めるには，①協同的であること，②分析的であること，③建設的であること，④参画的であることの４つの必要条件が必要になります。

第１の「協同的」とは，授業研究に参加する教員同士が互いに忌憚なく意見を交わし，共に高め合うという温かい雰囲気をもつことです。研究の成果として明らかになる指導上の要領と同等以上に，教員が指導の在り方を共有して学び合う教育文化の醸成は価値があることです。

第２の「分析的」とは，授業を漠然と眺めて印象論を語るのでなく，授業成否の鍵となった発問の特定や，子ども達の多様な解法の分類など，授業展開を側面ごとに明らかにして指導の本質に鋭く迫ることです。

第３の「建設的」とは，単に授業の相互観察と辛らつな批評を行うのではなく，“こうすべきだった”“私ならこうする”という代案を出し，当面した授業を改善する具体的提案につなげていくことです。

第４の「参画的」とは，授業の資料映像を視聴することに留まらず，公開授業や反省会に当事者として加わり，生々しくて複雑な授業という営みに直接関わって，その教室の雰囲気を実地で体験することです。

こうした授業研究の段階や条件が形式的に踏襲されることでなく，小学校教員が専門家として育ち合う高い同僚性をもつことが重要であり，その持続的な努力こそが日本の初等教育を力強く支えています。

(2) 世界に注目される算数科授業研究

明治時代から日本が伝統的に行ってきた授業研究が教員の職業的な成長の手法として今世界中から注目されています。その直接の契機となったのは，James Stigler 氏と James Hiebert 氏による「Teaching Gap」の第7章での報告です。教育書のベストセラーになった同書は，第3回国際数学理科教育調査（TIMSS）に参加した国の中から，米独日の中学校数学授業をビデオ撮影して詳細に分析した結果，日本の数学指導が最も成功的なモデルだと指摘しています。そして，その質の高い算数数学教育を支えているものが，日本に根付いた学習指導改善法，即ち授業研究であることを看破したのです。

日本では，教員が授業を公開してお互いに高め合う教育文化が根付いていますが，これは教員間の指導上の交流が少ない諸外国からみると非常に奇異なことに映ります。例えると，まるで「団地住まいの人々が，各家庭での食事を定期的に交代で見せ合ってその栄養価や分量を議論している」と聞いたときに私達日本人が感じる違和感に近いものです。かつて，トヨタ自動車による品質管理の改善に適訳語がなく，Kaizen のまま定着したように，授業研究も Lesson Study と訳するより，Jugyou-kenkyuu と表現する方が的を射ているかもしれません。これは，上述の「Teaching Gap」が湊三郎氏によって日本語訳された際に，“米国が注目する Jugyou-kenkyuu” と秀逸な副題が付けられたことにも象徴されています。

このような日本の算数科授業研究が世界に注目される理由は，主に3点あります。第1に，日本の先生方が，子ども中心の問題解決型授業を展開していることからです。例えば，欧米では教員がある例題を解き，類題を順次解かせていく手続き習得型，伝達型の演習がつい主流になりがちです。この状況を改める上で，子どもの思考過程を重視しつつ協同的かつ数学的な活動を入れ込む日本の算数科指導法の取り込みを目指すのですが，この一朝一夕ではいかない子ども中心の指導を熟成させてきた授業研究というシステムに着目したといえます。第2に，授業研究が，意図したカリキュラムなど大所高所からの抽象的な議論に終始せずに，教室での算数指導を責任をもって改善する現場の切実な取り組みであることからです。そして第3に，授業研究による指導改善というアプローチ自体が本質的に，現場重視のボトムアップ型の発想を含むからです。言い換えれば，授業研究は教員による自律的な指導改善を重んじており，何ら「押し付けがましくない」ということです。これは，単に初任者研修や年次研修のような制度的な行政研修と自主的な校内研修との違いではありません。最善とされる指導内容や方法がトップダウンで伝達されるのではなく，あくまで教員の自主的参加の下でよりよい授業を中長期的に探り合っていく練り上げ式の営みなのです。それ故に，他国の内政たる教育体制への直接干渉を控えなければならない国際教育協力の文脈でも授業研究の手法が盛んに取り入れられています。

図 12－2　国際協力による授業改善

このように，授業の質的向上を組織的に継続して進めていく授業研究というシステムは，誇るべき先達が培ってきてくれた，日本の算数数学教育の有する比較優位性といえます。勿論，日本と諸外国では基本的な環境が大きく異なっています。例えば，日本では，教育政策は比較的安定しており，また法的な拘束性をもって指導内容を規定する学習指導要領や，同一学年同一内容での系統的指導を担保する検定済のコンパクトな算数教科書，詳細でていねいな教員用指導書がありますが，これらは授業研究を通して指導を高める上で非常に恵まれた条件といえます。

授業研究への国際的な注目は，当然としてきた我が国の授業研究のあり方について集約と発信に備える契機になりました。同時に，授業研究に関するより広範な連携が進められています。例えば2007年には，World Association of Lesson Studies（世界授業研究学会 WALS）が設立され，授業改善や教員の専門的成長に関心のある研究者，教育行政関係者などを中心に授業研究に関する知見がより国際的に共有されています。

また特に，アジア太平洋経済協力（APEC）の人材養成作業部会で採択されている授業研究プロジェクトでは，算数数学教育を軸としてその成果が蓄積され随時公開されており，日本の優れた授業やその研究協議の様子などが和英両方で参照でき，国内外から高い評価を受けています。

よりよい算数授業を同僚らと探究し続ける熱意と，日々の授業実践を省察して改善策を組織的に求める冷静さが，教職の専門性を高めます。

(3) 算数科授業研究の現状と課題

平成28年度全国学力・学習状況調査報告書によれば，全国約19800校の小学校において，「学校でテーマを決め，講師を招聘するなどの校内研修を行っている」学校は93％，「教員が他校や外部の研修機関などの学校外での研修に積極的に参加できるようにしている」学校は96％，そして，「個々の教員が，自らの専門性を高めていこうとしている教科・領域等を決めており，校外の教員同士の授業研究の場に定期的・継続的に参加している」学校は83％といずれも高い値を示しています。これらの調査からも，日本の小学校教員の大半が授業研究に取り組んでいるといっても過言ではありません。それでは，このような授業研究という教育文化には，今後どのような課題が残されているのでしょうか。以下３つの課題について概略します。

第１の課題が，公開授業者となる積極性です。「授業を公開して自らの実践を点検・改善したい」という意欲はあっても，また「公開授業は管理職による勤務評定に連結されるわけではない」と理解していても，現時点での自らの指導力を省みて，公開授業者になることについ消極的になる場合があります。しかし，名人芸のような示範授業を披露し合うことが授業研究の全てではありません。人は成功例ばかりから学ぶとは限りませんし，また研究結果よりも授業を共同で改善する過程自体が大切です。一足飛びに授業の達人にはなれないし，授業研究の成果は楽器の演奏や語学力向上と同様に遅効性であることを心得る必要があります。

第２の課題が，授業研究の成果がもつ一般性の理解です。授業のような複雑な社会文化的活動では，全く同じ指導を再現することは非常に難しいといえます。しかし，それでは授業研究において見出された知見は，参加した他の教員の授業には活かせないのでしょうか。確かに，子どもも教員も環境も異なれば，実験室で行う自然科学のような全く同一の効果は期待できません。素晴らしい教材や指導案を集めても，それらの形式的な模倣が算数授業の成功を保証するとは限らないのです。これは，素晴らしい建築物の設計図や名曲の楽譜を手に入れることが，建築や演奏の必要条件の一つに過ぎないことに似ています。それ故に，研究した算数授業が単純に再現できないことを前提にしつつ，その授業の急所を反省的に押さえた上で自ら実践を重ねて修練することが必要になります。

第３の課題が，授業研究の成果の発信です。前述のように，参画性を重んじる授業研究では，研究報告書の読解や授業映像の視聴のみでは直接参加の代わりには成り得ません。しかし，優れた算数授業のデータを確保して閲覧するだけでも非常に有益なことです。それ故に，授業研究の成果はweb上で積極的に発信し，研究組織の裾野を広げる意味で反省的に共有すべきです。無論，各々の学校が独自に五月雨式で公開する手もありますが，ビッグデータとして集積できるアーカイブスに検索可能な形で登録することがより望ましいでしょう。こうした試みは先進的な自治体で既に実施されており，例えば，東京都教職員研修センターでは，授業研究ヘルプデスクを設けて授業力向上を目指す学校や教員に相談対応や学習指導案の資料提供を行っています。また京都市総合教育センターでは，優れた授業実践を「私の十八番」授業として募集し表彰し，それらの成果を研修用の視聴覚資料として指導案と共に配架・貸出しています。こうした一連の授業研究成果の発信は，多忙故に必ずしも多くの公開授業に参加できない教員にとって大事な情報源であり，授業研究という教育文化を支える活動の一つといえます。

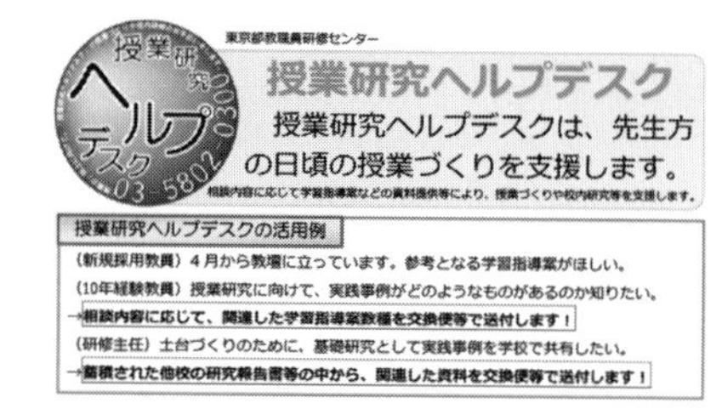

図 12－３　授業研究ヘルプデスク

（小原　豊）

第2節　小学校における授業研究

(1)　公立校における授業研究

平成29年度の文部科学省学校基本調査によると，現在，全国の小学校数は20095校あり，そのうち公立校の数が19794校と全体の約98.5%を占めています。そのほとんど全ての学校において授業研究が恒常的に行われています。公立校の授業研究は，私立校や附属校のそれと大きく異なるものではありません。国立大学法人の附属校が先導的な実践を，私立校がその建学の精神に基づく独自の指導を進めることに比べると，学習指導要領に準拠した上でのよりよい授業のあり方を探る教員研修という側面が強くなっています。

明治期以降，我が国において伝統的に取り入れられてきた授業研究ですが，そのあり方には「不易」と「流行」の両面があります。「不易」の面は本章の理論編において取り上げられているので，特に「流行」の面をみると近年の若手教員の大量採用やTIMSSビデオスタディの影響などを背景に，授業を参観するだけでなく，DVDなどの電子媒体に記録して，分析する事例も増えてきました。今までは，ある意味ではどうしても一過性になりがちであった授業反省が視聴覚データ集積によって容易かつ反復的に行われ，教員間での経験の共有も更に充実してきました。

公立校の授業研究の形態は様々です。その一つにワークショップを取り入れるものがあります。授業を参観後，すぐに全体での協議会に入るのではなく，少人数での話し合いを取り入れ，その後，全体での協議会を行います。

このような段階的な形態をとる背景として，授業研究を人材育成という観点で捉えた際に，従来の教員全体での授業研究のみでは，ベテラン教員が中心となって発言する傾向にあり，若手教員の発言機会を奪ってしまっているのではないかという反省があります。

また，授業研究の際に付箋に意見・感想・疑問を書き，それを整理しながら協議会を進めるKJ法を活用した実践も見られます。例えば，青い付箋にはよかったところ，赤い付箋には改善した方がよいと思うところ，黄色い付箋には疑問に感じたところとし，付箋の色によって項目を分け，それを分類しながら話し合うということも行われています。

このように創意工夫して協議会を進めることで，限られた時間の中で，多くの教員が意見・感想・疑問を建設的な視座から表現することができます。また，整理しながら議論することで，話し合いの結果が見やすい形，共有しやすい形で残せるという利点もあります。

指導案の書き方も様々です。授業研究における指導案は，本時の展開や評価の観点を明確にするだけでなく，本時までの授業の流れや児童の実態を把握するための手助けとなる役割もあります。

特徴的なものの一つとして，指導案に座席表を対応させる書き方があげられます。これは通常の指導案に加え，座席表を用いて本時までにどの児童がどのような考えを持っているのか，児童同士の意見を繋げたり，対比させたりなどして，図式化するものです。これを用いることにより，担任以外の教員にも本時の背景が読み取りやすくなり，考えの整理や参観視点の共有がなされ，より深い議論に役立ちます。

公立校の授業研究には，校内関係者と少数の教育委員会指導主事や大学教員だけで行う小規模で予行的なものから，近隣地域の小学校に周知して，何十人，何百人もの学校関係の参加者を伴う規模の大きいものがあります。いずれの場合においても，指導主事や大学教員による示唆や指摘を活かしつつ，同僚教員による授業提案を真剣に受け止めて教材開発や授業構成についての見識を互いに深めていく貴重な機会となります。

また，公立校では，授業参観や教育実習生の受け入れに伴う公開授業，新任研修会での模範授業など，他の小学校教員による授業を参観する機会が数多くあります。これらは広い意味で授業研究という仕組みの一部です。

以上のように，公立校における授業研究は，日本の教育文化としての良き伝統を守りつつ，日々の創意工夫を加えて進められています。無論，やみくもに施行をしていけば良い授業研究となるわけではなく，計画（Plan）・実施（Do）・評価（Check）・改善（Action）からなるPDCAサイクルを意識して，常に生産的な方向で批評・反省し，新たな課題を立て続けていく必要があるでしょう。

（梅宮　亮）

(2) 私立校における授業研究

現在，全国の小学校は 20095 校あり，その中で私立小学校は 231 校あります。割合でみると僅か１％で，児童数もその割合に準じています。中学校や高校，大学になれば，その割合はどんどん上がっていきますが，小学校では私立が非常に稀な存在であることがわかります。

その稀な存在である私立小学校ですが，所在地は東京を中心とした関東に集中しています。そして，夏季休業中には，全国の私立小学校の先生方を対象にした授業研究会が毎年行われています。近年は関西にも私立小学校が増え，全国を「東京ブロック」「関東ブロック（東京を除いた）」「西日本ブロック」の３つのブロックに分け，それぞれのブロックでも定期的に授業研究会が活発に行われています。また，さらに細かい地区（西日本ブロックでいえば，大阪地区，兵庫地区，京都地区など）でも定期的に授業研究会が行われています。したがって，特別な学会に所属していなくても，その気があれば年に４～５回は算数の授業研究に関わることができます。さらに，算数の授業研究を一層深めたい先生方が，普段の授業実践を持ち寄って交流することが多いのも私立小学校の特徴です。何しろ，公立学校のように教育委員会があるわけではないので，独立独歩で自ら学んでいこうとする精神が強いのです。逆にそうした精神がないと，私立小学校の教員として，また私立小学校自体としても存在価値を失うことになります。そもそも，私立小学校にはそれぞれに建学の精神があります。その建学の精神を受けて授業研究がなされているだけに，各地区やブロック，全国の研究会では侃々諤々になることもあります。それでも，お互いのよさを認め合いながら，そのよいところを自分の学校の子ども達に還元していこうとする姿勢が，私立小学校の先生方には多く見受けられます。

また，私立小学校では，建学の精神に基づいて，独自の学習カリキュラムをそれぞれ持っているため，学習指導要領で定められた学習内容の進度が必ずしも一緒ではありません。教科書上の学習単元に軽重をつけたり，学習単元を大幅に入れ替えたりして，それぞれの学校や授業者の考えを大きく反映させています。また，年間を通して，計算のスキルを高める課題に取り組んだり，そのための時間の確保がしやすいのも私立の特徴といえます。さらに，中学受験を想定して，早めに６年間の学習内容を終え，授業時間の中で受験対策を行っている学校もあります。さらに近年では，3，4年生で外国語活動，5，6年生で外国語の教科が導入された影響もあり，いち早く外国語（英語）で算数を学ぼうとする私立小学校も増えてきました。

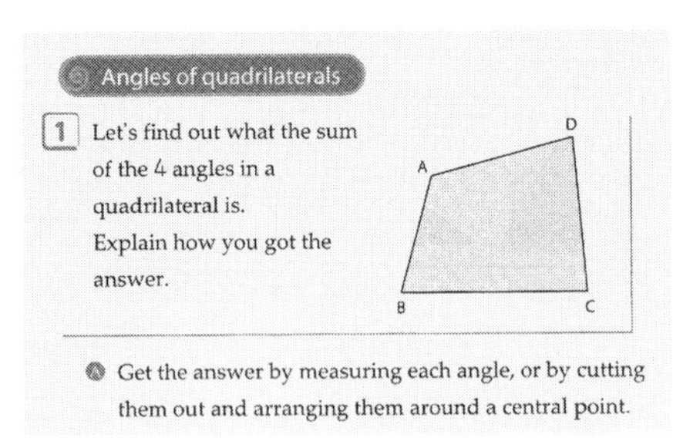

図 12－4　四角形の内角の和

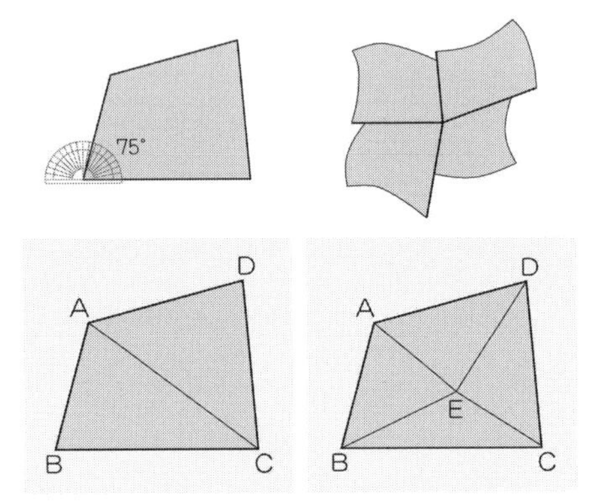

図 12－5　内角の和の求め方

具体的には図 12－4のような授業場面です。5年生の「合同な図形」という単元で，「四角形の4つの角の大きさの和について調べよう」という学習内容です。教師側の思惑としては，「4つの角度を測って合計する」「紙を分割して4つの頂点を合わせる」「対角線を引いて2つの三角形に分ける」「内部に1つの点をとり4つの三角形に分ける」等の活動を通して，四角形の4つの角の大きさの和が360°になることを考えさせようとします。英語で書かれたテキスト（教科書）を使用すると難しく感じるかもしれませんが，図 12－5のように世界共通ともいえる図形をもとにすれば，英語と日本語を交えながら授業を進めていくことは可能です。四角形の内角の和が360°であることを多面的に捉えた後は「五角形の内角の和」について適用問題をしますが，私学の授業では，当然のように「それでは，六角形は？七角形は？」という発展的な扱いが子どもからも教師からも発信されます。子ども達の状況に応じて，学習指導要領の内容や領域を超えた指導が行えるのも，私学の算数研究の特徴といえるでしょう。

（太田　誠）

(3) 附属校における授業研究

現在，国立大学附属小学校は全国56大学に72校設置されています（文部科学省，2017）。72校の附属学校は，国立大学の附属学校である特性を活かし，大学の人的資源を活用しつつ，先導的・実験的な研究を推進する「拠点校」として授業研究を進めています。また，地域の教育の「モデル校」として，地域の教員の資質・能力の向上，教育活動の一層の推進に寄与するため積極的に授業公開を行い，地域と一体になりながら授業研究を進めています。

ここでは，その授業研究の概要を，筑波大学附属小学校での取り組みを例に示します。筑波大学附属小学校は，「先導的教育拠点」「教師教育拠点」「国際教育拠点」という３つの拠点構想への取り組みを通じて，現代的課題の解決に寄与することを使命としています。国を代表する実験学校として長い歴史的経緯をたどって成立しており，我が国の教育をリードするための研究と実践を内外に積極的に発信しています。

・「先導的教育拠点」としての授業研究の推進

全教科・領域専門教員が１名ずつ所属する「研究企画部」が，学校の教育課程研究を推進しています。研究の主旨は，学習指導要領が目指す教育の具現化だけではありません。研究同人の課題意識のもと研究主題が設定され，いわば「10年先を見据えた教育」の研究をしているといえます。例えば，2013年からは「日本の初等教育　本当の問題点は何か」という研究主題のもと，研究同人一人ひとりが自己の課題を設定し，授業研究を進めました。算数研究部では，算数専門教員それぞれが日本の問題解決学習の改革に向け提言を発信し，それを「筑波発　問題解決の算数授業―変わる自分をたのしむ算数授業づくりへの変換―(2015. 東洋館出版社)」という算数授業研究をまとめた書籍として出版をしています。2016年からは，新たに「知的にたくましい子どもを育てる」という目的のもと，「きめる学び」という主題で研究が始まっています。

研究の方法は，研究企画部提案のもと，毎月１回，研究主題のもと校内研究会で各教科が研究授業と授業協議会を行う授業研究を進めています。授業協議会は，基本的に司会者と授業者，そして指名された討論者３名の教員で行われます。協議会では，教員それぞれの視点から，歯に衣着せぬ物言いで意見が交換され，授業改善に向けて教員同士で切磋琢磨しています。

・「教師教育拠点」としての授業研究の推進

上述した研究の結果を提案・報告する場として，毎年，学校主催の研究発表会が開催されます。国立大学の附属学校である特性から大学教員が研究同人として参加し，そして全国から参会する現職教員とともに，提案授業及び授業協議会を通して授業研究を行っています。さらに毎年２月には，日本で最初の授業研究会「初等教育研修会」を実施しています。全国から集まる約4000名の小学校教員とともに授業研究を進めています。

また，全国から現職教員が研修生として学校に訪れます。１日から数週間，長い時には数か月から１年に渡って，授業参観を通した授業分析とディスカッション，そして実際に研究授業を行うなどして，それぞれが授業研究の在り方の研究をしています。

・「国際教育拠点」としての授業研究の推進

「授業研究」は日本の教育の誇るべき文化といえます。そしてこの「授業研究」は，現在，世界で大変な注目を集めています。本校でも，十数年前に，アメリカからの要請で，現地の子ども相手に算数授業を行い，さらにその授業について激論を交わす実際の授業協議会を，現地教員に公開し，「授業研究」の在り方を発信しました。これをきっかけとして，現在では，アジアでは，韓国，ベトナム，タイ，インドネシアなどと，またヨーロッパでは，イギリス，デンマーク，スウェーデンなどと共同で，毎年，現地で授業研究会を共同で開催しています。

また，JICA専門員という役を担い，中南米や中東，アフリカなどの発展途上国にも訪問しています。現地の教員に対し，カリキュラムや教科書の作成方法から，教材研究や学習指導の方法まで，すなわち「授業研究」の進め方の指導を行っています。このように附属校では，世界に「授業研究」を広めることも大切な役割となっています。

（大野　桂）

(4) 小中一貫校における授業研究

小中一貫校では，しばしば小中一貫校ならではの視点で授業研究が実施されます。小中一貫校での授業研究は，単に併設された小中で授業研究を同時に実施すれば成り立つというものではありません。そこには，小中で共有した課題に対して，系統的にアプローチしていくという視点が存在します。

例えば，岩知道ら（2017）による小中一貫校での授業研究は，その一例です。岩知道ら（2017）は，中学校における確率の学習に向け，段階的にその素地を養っておく必要があるという課題意識に基づき，３つの学年において表 12－１のような実践を展開しています。

これらの一連の実践は，新しいカリキュラム開発のための実践ではありますが，同時に，小中で共有した課題に対して系統的にアプローチする授業研究にもなっています。この例の場合でいえば，確率の学習へ向けた素地を養うという課題を小中の双方で共有し，児童・生徒が，カードの和やサイコロの和といった様々な事柄を，段階的により精緻な数学的な見方・考え方で捉えていくことができるような指導が試みられています。

小中一貫校での授業研究は，その事後協議にも特色が見られます。小中一貫校での授業研究では，共通の課題意識を前提とした事前準備がな

表 12－1　岩知道ら（2017）の実践のまとめ

学年	実践内容	振り返り
小１	１～７の数が記されたカードをペアで出し合い足し算を行うと，その和が８になりやすいと実感する授業	確率の理解の素地となる発言について
小６	サイコロを２回振ったときの出た目の和として，どんな数が出やすいかを検証する授業	中学校段階における手立てとの差別化について
中２	「同様に確からしい」を仮定として意識させるための授業	仮定を設定するという行為そのものの経験について

されるため，事前に準備された系統的なアプローチが実際にどのような教育的効果をもたらしたかが，重要な論点の１つとなるのです。板書内容や机間支援での対応なども，重要な論点ではありますが，例えば表12－１の「振り返り」にも示したように，系統的な事前準備に関する成果や反省を取り上げる点は，小中一貫校での授業研究ならではの視点です。

このように捉えると，小中一貫校で授業研究を実施する最大の利点は，小学校の教師と中学校の教師が直接コミュニケーションすることを通じて，児童・生徒の学びをより長期的な視野で一貫した視座から支援する方法を研究することができる点にあるといえるでしょう。もちろん，小学校単独の授業研究でも，中学校以降で将来学ぶ内容を意識した系統的な検討が重要ではありますが，そうした検討は，中学校段階において一般的に課題であるといわれている事柄を小学校側が一方的に考慮するということに留まってしまいがちです。中学校でのリアルな実践の実態を反省しながら小学校での新しい授業を創造し，また，小学校での創意工夫に富んだ実践の成果を踏まえながら中学校での新しい授業を創造するという往還は，小中一貫校だからこそ実現できる取り組みなのです。

とはいえ，小中一貫校でないからといって，小学校と中学校が完全に分断されているわけではありません。例えば，佐藤・椎名（2014）が，小学校算数と中学校数学の両方の授業でティーム・ティーチング指導を行う秋田県の教育専門監の実践事例を示しているように，小中連携を高めるための努力は，様々な場所で様々な形で実施されています。小中一貫校での授業研究の成果は，こうした小中連携の機会において創造的な授業を実践する上で示唆に富むといえ，これから一層の注目が必要となるといえるでしょう。

（上ヶ谷　友佑）

参考引用文献

第1章

海後宗臣編（1964）『日本教科書大系 近代編 第13, 14巻』講談社

松原元一（1982）『日本数学教育史 算数編（1）（2）』風間書房

文部省（1972）『学制百年史 記述編・資料編』帝国地方行政学会

「学習指導要領データベース」

http://www.nier.go.jp/guideline/index.htm

文部科学省（2017）『小学校学習指導要領』

中央教育審議会（2016）「幼稚園，小学校，中学校，高等学校及び特別支援学校の学習指導要領等の改善及び必要な方策等について」

第2章

国立教育政策研究所（2017）『平成29年度全国学力・学習状況調査【小学校】報告書』pp.61-101

文部科学省（2017）『小学校学習指導要領解説算数編』

http://www.mext.go.jp/a_menu/shotou/new-cs/1387014.htm

第3章

秋田美代・齋藤昇（2011），「数学教育における創造的思考の活性化に関する研究 ―問題解決における思考の一時的滞留について―」，中村幸四郎・寺阪英孝・伊東俊太郎・池田美恵訳（2011），『ユークリッド原論追補版』，共立出版

全国数学教育学会誌，第17巻第2号，pp.55-63

第4章

平林一榮（1987）『数学教育の活動主義的展開』東洋館出版社

文部科学省（2017）『小学校学習指導要領解説 算数編』

http://www.mext.go.jp/a_menu/shotou/new-cs/1387014.htm

第5章

文部科学省（2017）『小学校学習指導要領解説算数編』東洋館出版社

坂井武司 他3名（2013）「割合についての児童の認識に関する研究」数学教育学会誌，Vol.53, No. 3・4, pp.97-106

坂井武司 他3名（2015）「割合の学習における基準量の認識に関する研究―双方向の見方に関して―」数学教育学会誌，Vol.56, No. 1・2, pp.61-73

第6章

文部科学省（2017）『小学校学習指導要領解説 算数編』

第７章

文部省（1989）『小学校指導書―算数編―』，東洋館出版社

文部科学省（1999）『小学校学習指導要領解説―算数編―』，東洋館出版社

文部科学省（2002）「単元『かけ算』での発展的な学習：九九表のきまりを見つけよう―第２学年『A 数と計算』(3) イ―」，『個に応じた指導に関する指導資料―発展的な学習や補充的な学習の推進』，教育出版 , pp.43-48.

文部科学省（2008）『小学校学習指導要領解説―算数編―』，東洋館出版社

文部科学省（2017）『小学校学習指導要領解説―算数編―』

蕨市立塚越小学校（2011）『平成 21・22・23 年度蕨市教育委員会委嘱事業研究紀要・指導案綴』

第８章

片桐重男（1988）『数学的な考え方の具体化』，明治図書出版

国立教育政策研究所（2002）『活きるための知識と技能 OECD 生徒の学習到達度調査（PISA）2000 年調査国際結果報告書』，ぎょうせい

国立教育政策研究所（2008）「平成 20 年度全国学力・学習状況調査【小学校】報告書
http://www.nier.go.jp/08chousakekkahoukoku/index.htm

国立教育政策研究所（2015）「国際数学・理科教育動向調査（TIMSS2015）のポイント」
http://www.nier.go.jp/timss/2015/point.pdf

国立教育政策研究所（2017）「平成 29 年度全国学力・学習状況調査【質問紙調査】報告書
http://www.nier.go.jp/17chousakekkahoukoku/report/question/

文部科学省（2006）「全国的な学力調査の具体的な実施方法等について（報告）」，全国的な学力調査の実施方法等に関する専門家検討会議
http://www.mext.go.jp/a_menu/shotou/gakuryoku-chousa/toushin/07032815.htm

文部科学省（2008）「小学校学習指導要領解説 算数編」，東洋館出版社

文部科学省（2017a）「小学校学習指導要領」
http://www.mext.go.jp/a_menu/shotou/new-cs/1384661.htm［2018. 1. 29 確認］

文部科学省（2017b）「小学校学習指導要領解説 算数編」
http://www.mext.go.jp/a_menu/shotou/new-cs/1387014.htm［2018. 1. 29 確認］

中島健三（2015）『復刻版 算数・数学教育と数学的な考え方―その進展のための考察―』，東洋館出版社，pp.61-62

第９章

赤堀侃司（2014）『タブレットは紙に勝てるのか』ジャムハウス

稲垣　忠・永田智子・豊田充崇・梅香家絢子・佐藤喜信・赤堀侃司（2009）「電子黒板の普及促進を目的とした活用モデルの開発」，教育メディア研究，16 巻，第１号，pp.53-64

石井英真（2015）．『今求められる学力と学びとは：コンピテンシー・ベースのカリキュラムの光と影』，日本標準.

礒田正美（2003）「なぜ道具を数学教育で活用する必要があるのか」，『第 36 回　日本数学教育学会論文発表会「課題別分科会」発表収録』，pp.246-249.

文部科学省（2017）「平成 27 年度学校における教育の情報化の実態等に関する調査結果」
http://www.mext.go.jp/a_menu/shotou/zyouhou/detail/1376689.htm

文部科学省（2014）「学びのイノベーション事業実証研究報告書」
http://www.mext.go.jp/b_menu/shingi/chousa/shougai/030/toushin/1346504.htm
文部科学省（2015）「授業がもっとよくなる電子黒板活用（電子黒板活用場面集）」，p.5
http://jouhouka.mext.go.jp/school/denshi_kokuban_katsuyo/pdf/katsuyobamensyu.pdf
文部科学省（2016）「平成 27 年度 学校における教育の情報化の実態等に関する調査結果」
http://www.mext.go.jp/a_menu/shotou/zyouhou/1287351.htm
岡崎正和（2016）「知識・技能を育むアクティブ・ラーニング」，新算数教育研究会編『算数の本質に迫る「アクティブ・ラーニング」』，東洋館出版社，pp.74-84

第 10 章

秋田喜代美（2000）『子どもをはぐくむ授業づくり：知の想像へ』，岩波書店
D.W. ジョンソン，R.T. ジョンソン，E.J. ホルベック（1998）『学習の輪―アメリカの協同学習入門―』，二瓶社
文部科学省平成 19・20 年度全国学力・学習状況調査追加分析結果報告書，Retrieved from
http://www.nier.go.jp/07_08tsuikabunsekihoukoku/（2017.9.30）
文部科学省（2008）「小学校学習指導要領解説算数編」
齋藤昇（1981）「数学Ｉの希望別によるグループ編成授業」，日本数学教育学会誌，第 63 巻，第 7 号，pp.22-26
佐藤学（2004）『習熟度別指導の何が問題か』，岩波ブックレット No.612
杉江修二（2011）『協同学習入門 基本の理解と 51 の工夫』，ナカニシヤ出版
谷竜太・小原豊（2014）「算数数学科の問題解決授業における板書の機能」，日本数学教育学会誌 92（7），日本数学教育学会，pp.36-39

第 11 章

Brown, S. I, &Walter, M. I.（1983）The Art of Problem Posing. LEA, London.
竹内芳男，澤田利夫（1984）『問題から問題へ』東洋館出版社
植田敦三（1992）「清水甚吾の作問中心の算術教育―その成立と変容を中心にして―」，数学教育学研究紀要，第 18 号，pp.49-59
青山庸（2011）「オープンアプローチによる学習指導と評価に関する実践的研究」，『仁愛大学研究紀要 人間生活学部篇』第 3 号，pp.23-39
齋藤　昇（1999）「創造性の基礎を培うための課題探究型山登り式学習法の 開発とその効果」，日本数学教育学会誌算数教育，81（12），pp.2-12
齋藤　昇（2004）『「山登り式学習法」入門』，明治図書出版
島田茂（1977）『算数・算数科のオープンエンドアプローチ』，みずうみ書房
島田茂（1995）『算数・数学科のオープンエンドアプローチ―授業改善への新しい提案―』，東洋館出版社
手島勝朗（1995）『オープンアプローチの新しい展開』，明治図書出版
能田伸彦（1983）『オープンアプローチによる指導の研究』，東洋館出版社

第 12 章

岩知道秀樹・鈴木昌二・端山文子・上ヶ谷友佑・植田敦三・松浦武人（2017）「小中接続を意図した確

率単元・カリキュラムに関する研究：確率概念を想起する数学的活動を通して」，『広島大学　学部・附属学校共同研究紀要』，第45号，pp.237-244
藤井斉亮（2013）「算数数学教育における授業研究の現状と課題」，日本教科教育学会誌35（4），pp.83-88
佐藤学・椎名美穂子（2014）「数学教育における異校種間の連携・接続の視点：生徒の発想を引き出す学習内容の関連付けを支援する架橋教員とその働き」，岡山大学算数・数学教育学会誌『パピルス』，第21号，pp.103-109
清水静海・礒田正美・大久保和義・馬場卓也監修（2005）『図でみる日本の算数・数学授業研究』，明治図書出版
Stigler，J.W.，Hieber，J. 著，湊三郎訳（2002）『日本の算数・数学教育に学べ—米国が注目する jugyoukenkyuu』，教育出版
高橋昭彦（2006）「算数科における授業研究の類型とそれぞれの実態に関する考察」，日本数学教育学会誌88（8），pp.2-14

索　引

ア　行

カ　行

サ　行

タ　行

ナ　行

ハ　行

マ　行

ヤ－ワ行

アルファベット

執筆者一覧

【編著者】

齋藤　　昇（さいとう　のぼる）まえがき，第1章1節（1）～（3），第11章1節3，第11章2節3，
鳴門教育大学教授，兵庫教育大学連合学校教育学研究科教授，立正大学教授を経て，現在，立正大学客員研究員，埼玉学園大学大学院客員教授，鳴門教育大学名誉教授。博士（工学）。
主な著書『子どもの学力を高める新しい算数科教育法』（東洋館出版社，編著），『授業に役立つ算数教科書の数学的背景』（東洋館出版社，共編著），『深い学びを支える数学教科書の数学的背景』（東洋館出版社，共編著），『「山登り式学習法」入門』（明治図書出版，編著）他

秋田　美代（あきた　みよ）第3章1節
鳴門教育大学助教授，同准教授を経て，現在，鳴門教育大学副学長（評価担当），教授。兵庫教育大学連合学校教育学研究科教授。博士（学校教育学）。
主な著書『子どもの学力を高める新しい算数科教育法』（東洋館出版社，共編著），『深い学びを支える数学教科書の数学的背景』（東洋館出版社，共編著）他

小原　　豊（おはら　ゆたか）第1章1節（4），第9章1節（1），第12章1節
筑波大学産学官連携研究員，鳴門教育大学助教授，立命館大学准教授を経て，現在，関東学院大学教育学部教授。
主な著書『Japanese Lesson Study in Mathematics』（World Scientific，共編著）／『授業に役立つ算数教科書の数学的背景』（東洋館出版社，共編著）／，『深い学びを支える数学教科書の数学的背景』（東洋館出版社，共編著）／，『小学校教員をめざす人のために』（関東学院大学出版会，共編著）／，『中学校数学科つまずき指導事典』（明治図書出版，共編著）他

【分担執筆者】

片岡　　啓（かたおか　けい，関西学院大学教職教育研究センター 教授）第1章2節
長谷川勝久（はせがわ　かつひさ，東洋大学文学部 教授）第2章1節
宇佐見　駿（うさみ　しゅん，東洋大学文学部 ティーチングアシスタント）第2章2節（1）
今井　智貴（いまい　ともき，板橋区立高島第一小学校 講師（東洋大学大学院博士前期課程 院生））第2章2節（2）
林　　隆宏（はやし　たかひろ，鳴門教育大学学校教育学部附属小学校 教諭）第3章2節
廣瀬　隆司（ひろせ　たかし，博士（学校教育学），名古屋経済大学人間生活科学部 客員教授）第4章1節，2節
坂井　武司（さかい　たけし，博士（情報学），京都女子大学発達教育学部 准教授）第5章1節
赤井　秀行（あかい　ひでゆき，堺市立竹城台小学校 教諭）第5章2節
中込　雄治（なかこみ　ゆうじ，博士（学校教育学），宮城学院女子大学教育学部 教授）第6章1節

狩野　佳奈　（かりの　かな，福島県西白河郡西郷村立熊倉小学校 教諭）第６章２節（1）
千田真佑子　（ちだ　まゆこ，神奈川県横須賀市立大塚台小学校 教諭）第６章２節（2）
松嵜　昭雄　（まつさき　あきお，博士（学術），埼玉大学教育学部 准教授）第７章１節
西村　良平　（にしむら　りょうへい，さいたま市立常盤小学校 教諭）第７章２節（1）
高木まなみ　（たかぎ　まなみ，新座市立西堀小学校 教諭）第７章２節（2）
佐伯　昭彦　（さえき　あきひこ，博士（学校教育学），鳴門教育大学 教授）第８章１節
久次米昌敏　（くじめ　まさとし，鳴門教育大学附属小学校）第８章２節
北島　茂樹　（きたじま　しげき，明星大学教育学部 准教授）第９章１節（2）
德岡　　大　（とくおか　まさる，高松大学発達科学部 助教）第９章１節（3）
上ヶ谷友佑　（うえがたに　ゆうすけ，博士（教育学），広島大学附属福山中・高等学校 教諭）第９章２節（1）第12章２節（4）
前田　裕介　（まえだ　ゆうすけ，長崎大学大学教育イノベーションセンター 助教）第９章２節（2）
枝廣　和憲　（えだひろ　かずのり，博士（教育学），臨床心理士，名古屋市立大学大学院人間文化研究科 准教授）第９章２節（3）
早田　　透　（はやた　とおる，博士（教育学），鳴門教育大学 講師）第10章１節（1），２節（1）
谷　　竜太　（たに　りゅうた，南丹市立園部小学校 教諭）第10章１節（2），２節（2）
金児　正史　（かねこ　まさふみ，鳴門教育大学 教授）第10章１節（3），２節（3）
前田　一誠　（まえだ　かずしげ，環太平洋大学次世代教育学部 准教授）第11章１節（1）２節（1）
Maitree Inprashita　（マイトリー インプラシッタ，コンケン大学教育学部 准教授）第11章１節（2）
Narumon Changsri　（ナルモン チャンジャニ，コンケン大学教育学部 講師）第11章２節（2）
梅宮　　亮　（うめみや　りょう，関東学院大学人間環境学部）第12章２節（1）
太田　　誠　（おおた　まこと，博士（学校教育学），東海学園大学教育学部 准教授）第12章２節（2）
大野　　桂　（おおの　けい，筑波大学附属小学校 教諭）第12章２節（3）

子どもの学びを深める新しい算数科教育法

2018（平成 30）年 4 月 7 日　初版第 1 刷発行
2023（令和 5 ）年 9 月18日　初版第 4 刷発行

編著者：齋藤 昇／秋田 美代／小原 豊

発行者：錦織 圭之介

発行所：株式会社東洋館出版社

〒101-0054　東京都千代田区神田錦町 2-9-1
コンフォール安田ビル
代　表　電話 03-6778-4343　FAX 03-5281-8091
営業部　電話 03-6778-7278　FAX 03-5281-8092
振　替　00180-7-96823
U R L　https://www.toyokan.co.jp

印刷・製本：藤原印刷株式会社

装丁・本文デザイン：吉野 綾（藤原印刷株式会社）

制作協力：株式会社あいげん社

ISBN978-4-491-03456-0　Printed in Japan